HEME AQUÍ
Mi reconciliación con la vida

Nora Lelczuk Goldfinger

Lelczuk, Nora

Heme aquí : mi reconciliación con la vida / Nora Lelczuk. - 2da ed . -.
2020.

ISBN 978-173-3516-52-5

1.   Autobiografías.

Diseño de tapa: Federico Pallas

©2020 **Goldfinger** 2º Edición

Primera Edicion ©2018. IMPREX Ediciones Marzo de 2018. Merlo - Bs. As. Argentina. Producción editorial y corrección de textos: Rut Beresovsky.

A mis hijas:
Evelyn, Vanina y Melisa,
quienes son mi fuerza creadora,
mi apoyo incondicional y el
Sentido de mi Vida.

CONTENIDO

Mi vida me enseñó el camino para crear esta escuela, y la escuela me enseñó a decir

"Sí a la vida"

N.L.G.

PRÓLOGO

Muchas veces me he detenido largo rato mirando aquellas imágenes en las cuales es susceptible de ser visto más de un contenido. Dos perfiles o una copa, un rostro de anciana o uno de jovencita, y así, tantos otros. Como fascinado por una verdad incontrastable: aquello que vemos depende de donde ponemos la mirada, quiero decir, ¿qué focalizamos cuando miramos? O, para decirlo de otro modo, "¿qué vemos cuando vemos?" Hay suficientes estudios hechos desde los colegas guestaltistas sobre estas percepciones y parecen haber asegurado que la percepción, es decir, aquello que vemos de la realidad, depende en mucho de propios acercamientos a la realidad. Según nuestro estado de ánimo, por ejemplo, veremos los perfiles o la copa, según nuestra condición de vida, la anciana o la joven y así en todos los casos. La pregunta que me hago, entonces, es "¿qué vemos cuando vemos a alguien con una discapacidad?" Porque ciertamente, según dónde pongamos el ojo, emergerá como realidad inmediata, una cosa u otra. Al verlo, sentiremos tristeza, pena, desazón, amargura, impotencia, fastidio… Pero por el otro lado, podremos ver, superación, resistencia, coraje, esperanza, posibilidades, recursos… ¿Qué vemos cuando vemos? Nora y Luis Goldfinger, a partir de la experiencia de ser padres de una muchachita con ciertas dificultades, pusieron el ojo donde tenían que ponerlo, y vieron lo que hay que ver. Una hija. Vieron también recursos, talentos, posibilidades. Pero no se quedaron en verlo, sino que trabajaron para ofrecerle a su niña y a tantos otros niños y niñas la posibilidad de ser "reconocidos", es decir, vistos desde otro lugar o perspectiva. La familia Goldfinger quedó comprometida en la tarea, y avanzaron, y lograron permitirle a Vanina un proyecto de vida espléndido.

Pero Nora Goldfinger no se contentó con el bienestar de Vanina sino que siguió adelante y logró desarrollar una metodología de trabajo que redundó en un emprendimiento formidable, la escuela de golf Heme Aquí, que en la actualidad cuenta con sedes en el país y en el exterior, con suceso constatable. Los alumnos de la escuela, todos niños y jóvenes con recursos especiales, avanzan en la práctica del golf al punto de terminar formados como instructores de un deporte, para nada sencillo. Los beneficios físicos, emocionales, sociales y espirituales son evidentes.

En un esfuerzo nuevo, Nora presenta ahora lo que podríamos llamar "el método Goldfinger", el cual, ilustrado con la aplicación en la escuela de golf, puede ser implementado en otros emprendimientos artísticos, culturales o deportivos. No se trata de un curso de golf sino de una metodología que supo ver en las personas especiales lo que hay que ver: su dignidad como personas humanas completas.

Considero que esta presentación puede ser de gran utilidad para todos aquellos que, interesados en el tema, procuran privilegiar la persona humana y todo aquello que personalice, al punto de descubrir que la naturaleza humana no admite discapacidad alguna.

Agradezco a Nora y Luis Goldfinger, a todos los niños y niñas que ya han participado de la escuela **Heme Aquí**, a todas sus familias involucradas, por nunca caer en el "vencidismo", en la lástima, en la victimización o en el rencor. Por haber comprendido que ningún infierno destruye la dignidad humana y que es ella misma la que encuentra su camino de plenitud. Solo hay que permitírselo.

De eso se trata este libro.

Claudio García Pintos

HISTORIA DE VIDA

*El amor constituye la única manera de aprehender
a otro ser humano en lo más profundo
de su personalidad.*
Viktor Frankl

En la aceptación del premio Sentido de la Vida, dije: "Cuando uno comienza un proyecto no está solo porque siempre hay momentos, personas, situaciones que nos indican el camino". Por eso quiero contar quiénes me ayudaron y en quiénes me apoyé para que Vani sea la hermosa joven que es hoy.

Nos casamos el 15 de marzo de 1981. Poco tiempo después comencé con pérdidas, me hicieron los análisis correspondientes y, sí, estaba embarazada. Si bien tuve que guardar cama unos días, todo fue normal, excepto por unos cálculos renales que me dolieron un montón, pero nada más allá de eso. Recuerdo que todos los meses después de ir al médico a controlarme y pesarme, salíamos a tomar algo con mi marido, contentos porque todo marchaba bien.

Evelyn

La fecha era para enero pero como todos decían que a las primerizas se les adelanta el parto, en diciembre — mentalmente — ya estaba lista para parir. Pero mi hija no. Pasó un enero que se me hizo larguísimo y comenzamos con monitoreos. Por fin el 3 de febrero, alrededor de las 6 de la mañana rompí bolsa. Me bañé, llamé a la partera y fuimos al sanatorio. A pesar de las fuertes contracciones, tras cinco horas de trabajo de parto el bebé no estaba listo; hasta que el médico, que me auscultaba permanentemente, notó que tenía una vuelta de cordón. Todavía recuerdo cómo volaba esa camilla; tenía miedo de caerme… Anestesia peridural, cesárea y una beba hermosa de negros pirinchos, (que al poco tiempo se transformaron en rubios dorados) apareció. Fue la única nena en el sanatorio, ese día solo habían nacido varones. Me enseñaron a sostenerla, a darle de mamar y a ponerle los pañales. Yo no tenía idea de nada.

Cuando buscábamos cómo llamar a nuestra hija, leímos Evelyn y mi marido dijo: —Evelyn, tin, tin—, nos gustó el ritmo (la estábamos encaminado hacia la que fue su elección de vida: el canto, el baile y la actuación), y ese fue su primer nombre, quise que el segundo fuera en hebreo y elegí Yael.

En nuestras familias había sobrinos y nietos, pero como nosotros nos casamos grandes, la diferencia de edad de Evelyn con el resto de los chicos era importante, por lo que jugaban con ella como si fuese la primera. Mi hija era una foto en colores: rubia, con ojazos celestes y enormes pestañas. Yo desinfectaba hasta el aire que respiraba. Para tocarla había que lavarse las manos, y antes de ponerla en cualquier lugar colocábamos una sabanita. Le leíamos cuentos, Luis bailaba con ella. Todavía no sabía leer y escribir cuando una de mis tías, que le estaba leyendo un cuentito, dio vuelta la hoja y ella le dijo que aún no había terminado de leerla. Yo vivía en una nube de algodones y desplegaba todos mis plumas cual pavo real cuando paseaba con ella.

Después de las vacaciones de invierno, cuando Evelyn tenía dos años, mi amiga Aída, me sugirió que la anotase en el jardín, que le iba a hacer bien. La acompañé en la adaptación hasta que decidimos que se podía quedar sola. Aún escucho sus llantos porque me iba.

En octubre de ese año hicimos un viaje y en las excursiones todos quedaban maravillados de la madurez de nuestra hija, de cómo hablaba, de su inteligencia y de lo bien que se portaba. Cuando regresamos en noviembre no tenía sentido que volviese al jardín; yo trabajaba por las tardes en la mueblería de Luis y llevaba conmigo a Evelyn, solía ponerla dentro de una cunita y parecía una muñeca.

Cuando volví a quedar embarazada, otra vez comenzaron las pérdidas. El obstetra me ordenó una ecografía y descubrió que tenía placenta oclusiva total: me prohibió levantar peso y hacer esfuerzos. Tomé los recaudos del caso y nuestra vida siguió color rosa disfrutando de la beba hermosa que teníamos. Tuve una intuición, sentí que tenía mucha suerte de tener a Evelyn pero que tanto Luis como yo éramos grandes, él cuarenta y seis y yo treinta y cinco años, entonces en la visita mensual le pedí al doctor hacerme un estudio para ver si todo iba bien. Él nos desanimó con estadísticas y datos diciéndonos que las posibilidades que fuera Down o mogólico, como se decía en esos tiempos, eran casi nulas. Y como "eso siempre le pasa al otro" seguimos lo más campantes con nuestra vida, eligiendo nombres para nuestra próxima hija. Después de muchas vueltas elegimos Vanina, yo quería que sonase como Evelyn Yael y pensé en Vanina Noel. En el Registro Civil no nos permitieron Noel, tenía que ir con María. En el libro de los nombres encontré Nahir, me gustó y fue Vanina Nahir. Después averigüé que Nahir viene del hebreo, OR, que quiere decir luz, luminosidad.

Vanina

El significado de las palabras mamá y papá ya no tenían el mismo sentido, había que redimensionarlas.

¿Seríamos los mismos padres para una y otra hija?

¿Tendríamos que ser distintos con cada una? ¿Las íbamos a educar igual? Fue tanto mi desconocimiento y desconcierto cuando Vani nació. Sólo pensaba en que habíamos destruido la vida de Evelyn: ¿quién la iba a querer con una hermana mogólica? No iba a poder tener amigos, novios… sería un estigma para ella. Imagínense, ella no tenía dos años en ese momento.

Al principio no vi la luz. Vi desengaño, miedo, frustración, ignorancia… mucha ignorancia. Y esta ignorancia fue la que mucho tiempo después me hizo tomar una postura frente a la vida, cuando elegí la educación a través del golf.

Pensé que no iba a poder vivir con Vanina, pensé en darla, pensé en todo, pero no pensé en una persona, pensé en un sello: "mogólica", y eso me desequilibró. Cuando fui a la nursery, era la más mimada, las enfermeras me decían que era la más linda, con su pelusita rubia y su carita redonda… Recuerdo una anécdota. Vino Aída, mi íntima amiga, a visitarme al sanatorio y yo de lo único que le hablé, fue de un perfume que me había regalado mi marido y que lo quería cambiar porque ya lo tenía.

No quería dar a Vanina, ni dejarla en manos de una institución, pero tampoco quería que fuera a casa.

Mi familia tenía un campo en la provincia de Santa Fe, que yo sentía como mi casa. Allí solía pasar muchos días al año, andando a caballo y conectándome con la naturaleza. Hacía muchos años que en ese campo vivían unos puesteros con los que manteníamos una fluida relación y pensé en la *Negra* Maidana que cuidaba de sus hijos, de alguno adoptado y de cualquier animalito guacho que andaba por ahí… a todos con el mismo amor y decidí enviarle a Vanina, sabía que ella la iba a cuidar bien. Mis tíos *Chuche* y Eugenia la llevaron.

Mientras tanto, encerrada en casa, con las persianas bajas, yo lloraba todo el día; ni siquiera recuerdo quién se ocupó de Evelyn, no tengo registros emocionales de ella. Murió en esos días mi querido abuelo Aarón que vivía en Entre Ríos, y no pude viajar por la cesárea. Solo veía a mis hermanos Evita y Jorge, quienes siempre me apoyaron.

La indicación fue hacer terapia, la primera entrevista resultó bien pero cuando llegamos a la siguiente nos comunicaron que había habido una confusión con el día y el horario, y el psicólogo no nos atendió. ¡No podíamos creer que viviendo nuestro drama nos dejaran solos! El pediatra, el Dr. Cukier, que tampoco tenía experiencia en estas situaciones, nos acompañó lo mejor que pudo, y él fue quien nos habló de una familia que tenía una nena como la nuestra.

Cuando llamé por teléfono para organizar un encuentro la mamá me dijo: —Si Vanina es como Lía, te va a ir bien—, y yo recé para que así fuera.

Fuimos a la casa de los Zvetelman y cuando subimos al ascensor, Roberto, el papá nos dijo: "Así que tienen una Down". Y me hizo un click. No era una mogólica, era una nena Down. Esa palabra cambió para mí todo el contenido, pasó a ser una persona y no un sello. Creo que fue en ese ascensor que volví a tomar las riendas de mi vida. Curiosamente, con el tiempo yo fui una guía en muchos aspectos para Lía.

Finalmente decidí que ya había analizado demasiado y que era hora de comenzar a sentir, así que al mes nos fuimos con Luis a Santa Fe, a buscar a Vanina. Imaginen la situación: Nuestra casa en el campo distaba unos cincuenta metros de la *Negra* Maidana. Yo estaba en nuestra casa y ella con Vani en la suya. Le pedí por medio del marido que me entregara la nena, y ella se negaba. Yo quería darle la mamadera que había preparado y ella también quería darle de comer. La situación era muy graciosa, dos leonas peleando por un cachorro; pero yo, ya estaba lista para ser la mamá de Vanina.

Al mes, me fui a Entre Ríos a la casa de mis tíos Tito y Adela. Mis padres me acompañaron y Luis iba y volvía. Era época de inundaciones y puentes rotos; para cruzar el río los militares armaban los puentes y había colas interminables. Estuvimos allí dos meses, en los que Vani y yo comenzamos a conocernos. Cuando regresamos y fuimos a control las preguntas que yo le hacía al médico eran: ¿va a poder caminar? ¿podrá hablar? ¿Si le pido que me alcance un par de zapatos, ella va a entenderme? Empezamos el camino terapéutico en la clínica del Dr. Castaño: fonoaudiología y psicomotricidad dos veces por semana además de ejercicios en casa para continuar la estimulación…

Vani había nacido por cesárea en noviembre y en julio tuvieron que operarme de un nódulo frío en la tiroides. Luis se había prometido que si yo salía bien de esa operación íbamos a hacer un viaje reparador. En octubre nos fuimos con Evelyn, (recuerdan que la saqué del jardín) y mis dos cuñadas, Bety, la hermana de Luis, que vivía en Morón, y Susy, la esposa de mi hermano, se ocuparían de ella. Se encargaron de llevarla al neurólogo y a hacer la estimulación dos veces por semana. ¡Gracias a las dos!

A los dos años Vanina comenzó el jardín terapéutico en la clínica del Dr. Castaño y cuando cumplió cuatro comencé a buscar Jardín de Infantes con inclusión. Visité varios donde los directivos, después de hacerme esperar, no me recibían, o después de recibirme me decían que si aceptaban a mi hija, otros papás retirarían a sus chicos y ellos no podían afrontar el perjuicio económico. A veces sentía que éramos portadoras de la fiebre amarilla o de alguna otra peste. De la bronca y la angustia me quedaba sin voz. Hasta que los papás de Alan León, otro chico con síndrome de Down, me hablaron de un Jardín Maternal llamado Amanecer, con salitas de Jardín donde hacían inclusión. Amanecer fue nuestro amanecer... y empecé a respirar otra vez.

Conocí más tarde a Tati, otra persona maravillosa, directora de Oaky, jardín que también hacía inclusión donde Vanina estuvo hasta los once años ya que yo no conseguía otro colegio con las mismas características. Para que Vani no perdiese su desarrollo intelectual, Tati propuso que fuese por las mañanas a una maestra particular, Rosita, y a la tarde continuaba en el jardín con talleres de música, tenis, teatro, inglés. Todavía hoy, Vani recuerda lo aprendido en esas clases de inglés en Oaky.

Melisa

Fue mi pacificación con la vida. Nació cuando Vani tenía dos años y dos meses y se criaron como mellizas, ya que hablaron, caminaron y pasaron las etapas evolutivas casi al mismo tiempo. Era el referente para Vani a quien siempre cuidó y protegió. Por supuesto que peleaban, como pelean generalmente las hermanas, pero jugaban y se divertían juntas. Es a Melisa aún hoy a quien Vani, incondicionalmente, le hace caso. Así que cuando ninguno de nosotros puede con ella, le pedimos a Meli que interceda.

El proceso evolutivo de ambas fue parejo hasta que comenzó la preadolescencia. El crecimiento de Meli fue geométrico mientras que el de Vani fue aritmético. Meli tenía cada vez más intereses y los desarrollaba en forma más rápida, también el tema de salidas y fiestas era muy distinto. Si bien estuve siempre a favor de la inclusión, comencé a darme cuenta que nadie está integrado en todos lados, ni con todos. Por eso era tan importante el grupo de pertenencia que Vani tenía en el colegio al que asistía. Evelyn y Melisa fueron los grandes estímulos naturales que recibió Vani. Meli es alegre, divertida, graciosa, inteligente, súper activa. Evelyn es una artista nata, es creativa, pensante, estimulante. De ella Vani aprendió el mundo de la música y la actuación. Tanto Meli como Evelyn son muy cariñosas y tiene mucho ascendiente sobre Vani. Por lo tanto cuando tengo que tomar alguna decisión acerca de Vani, o con respecto a la vida en general, es a ellas dos a quienes consulto en primera instancia.

En casa todos escribimos, cantamos, bailamos, leemos, charlamos y discutimos sobre todos los temas. Y Vanina al igual que todos, opina. Ella tiene su espacio y es escuchada, muchas veces nos deja sorprendidos por la profundidad y claridad de sus pensamientos. Nosotros somos cinco y así vamos a todas partes, porque como dice Luis en sus charlas: "la primera inclusión comienza por la casa". Creo que esta historia no estaría completa si no hago referencia a otra parte importante de nuestra vida.

Los Shabatot

Shabat, en hebreo y en singular, es cuando comienza el descanso semanal con la puesta del sol del viernes hasta la salida de las primeras estrellas de sábado. El plural de shabat es shabatot.

Cuando Vani tenía tres años comenzamos a reunirnos todos los viernes cuatro parejas con nuestros hijos, una vez en cada casa. Entre grandes y chicos sumábamos diecisiete, y más cuando invitábamos a alguna otra familia.

Cada viernes preparábamos la cena y vestíamos la mesa con lo mejor que teníamos, para recibir, después de ir al Templo, a los amigos y al Shabat. Decíamos todas las bendiciones, cantábamos, comíamos, charlábamos y disfrutábamos un montón todos juntos, como una gran familia. Nuestros shabatot eran imperdibles y la pregunta obligada de nuestros hijos los viernes en la mañana era: ¿en qué casa toca hoy? Las reuniones eran ruidosas, alegres, marcadas por valores de respeto, amor, honestidad. Los chicos comían juntos, charlaban, reían y se contaban las actividades de la semana. Y ahí estaba Vani como una más. ¿Se imaginan el estímulo? ¿Y el amor? Nos reunimos durante casi veinte años hasta que un amigo se fue a vivir a otro país. Pero las imágenes, la fuerza de nuestras relaciones, lo vivido en valores, las enseñanzas que les dimos a nuestros hijos son inconmensurables. Y aún nos seguimos reuniendo con la familia de Leo y Claudia en los Shabatot.

Inclusión Escolar

La experiencia en el jardín Oaky estaba agotada y yo necesitaba un colegio para Vani. En esa época no era fácil, había pocos establecimientos educativos que hacían inclusión y éramos muchos los que estábamos en esa búsqueda.

Me enteré que el Instituto Tognoni tenía un interesante proyecto de inclusión, pero era un colegio parroquial y yo buscaba uno laico. Conocí a la coordinadora del proyecto, Cristina Lobosco, y charlamos mucho respecto del mismo. Luego se sumó Elsa Bianchi, directora del Instituto, persona con un gran sentido de responsabilidad educativa y amor al prójimo, quien se había encargado de desarrollarlo. Muchos años después me encontré con Elsa y me contó la siguiente anécdota: ella había llevado al grupo de alumnos en el cual estaba Vani a una salida. Estaban en la calle Florida hablando de geografía, cuando una señora que estaba escuchando se acerca a Elsa y le dice: "¿Para qué le enseña todas esas cosas?" Y Vani le contesta: "para poder hablar con ustedes."

De acuerdo al proyecto de integración paralela, un grupo de alumnos con necesidades especiales trabaja en simultáneo con alumnos de un grado común. Si bien cada grupo desarrolla la currícula correspondiente al mismo año, en aulas distintas, comparten actividades físicas, plástica, música, recreos, comidas, campamentos, salidas. A mi entender esto es importante porque los jóvenes con necesidades especiales logran formar su grupo de pertenencia y luego muestran en el afuera todas sus habilidades y progresos desde un lugar de fortaleza. Este mismo esquema es el que adopté después en la escuela de golf .

Heme Aquí.

Al mismo tiempo conocí a la licenciada Martina Samuels y juntas presentamos en colegios de la comunidad judía el proyecto de integración paralela en las escuelas primarias, con algunas modificaciones. Si bien Elsa y Cristina nos acompañaban a algunas entrevistas y contaban sus experiencias con la inclusión, no logramos desarrollar el programa.

Entre tantas reuniones Cristina me insistió para que anotara a Vani en el Instituto Tognoni. Hice reunión de familia y Evelyn y Melisa, me dijeron que si yo consideraba que ese colegio era el mejor para Vani, entonces adelante. Elsa, la directora, por su parte, no tenía problemas en incluir a personas de cualquier religión. ¡Grande Elsa! Así fue como Vani fue al colegio Tognoni de la Sagrada Eucaristía, de Palermo.

Bat Mitzva

Quiero contar una anécdota que describe a Vani en toda su potencialidad. A los doce años las jóvenes asumen el compromiso de pertenecer al pueblo judío a través de una ceremonia que se llama Bat Mitzva. Para la cual se preparan durante un año estudiando los textos sagrados.

Regresábamos a casa luego de la ceremonia de Evelyn, muy orgullosos de cómo se había desenvuelto nuestra hija, y escucho una vocecita que desde el asiento de atrás me pregunta: ¿Mamá, y yo cuando hago mi Bat Mitzva? Era la voz de Vani. Dejé de respirar y como pude le contesté que ella también lo iba a hacer.

Cuando hablé con los rabinos Dani Goldman y Mario Rojzman de Bet El, nuestra comunidad, me contestaron: ¿Por qué no? Paula Laufer, una joven dulce con mucha fuerza y alegría interior, fue su profesora. Dos veces por semana se reunían para estudiar. ¡Con qué seriedad lo tomaban!!

Llegó el momento, sábado 13 de octubre de 1996 a las 9:30hs en la sinagoga Bet El ¡estábamos re nerviosos!! Vani recibió una bendición de los rabinos y los papás le regalamos un par de candelabros. Paula y Vani se sentaron en las escaleras que están debajo del Arca y comenzaron. Guiada por Paula, Vani fue contando la parte de la Biblia que tocaba leer esa semana con una seguridad y soltura impactante. Aún hoy la gente que presenció la ceremonia sigue mencionando lo magnífica que estuvo. Pero lo que quiero resaltar es que Vani decidió asumir el compromiso con una convicción, decisión y una solvencia que nos maravilló a todos. Nuestro regalo fue la representación de La Bella y la Bestia, que ella amaba, con los trajes reales de la obra. Los actores, coreógrafos, guionistas y productores, — además de mí — fueron sus hermanas, su tía Eva, su primo Maxi, el papá en el papel estelar de la Bestia y ella, por supuesto, en el de Bella.

Cuando fue el Bat Mitzva de Melisa, Evelyn le preparó de regalo "El día que me quieras", un tango que había grabado con Alberto Berbara, quien a la vez hace los arreglos de todas las canciones de la Escuela de Golf. Luego Vanina, espontáneamente, frente a todos los invitados, cantó la misma canción ¡a capella! La gente no podía creer lo que escuchaba y veía.

Las invitaciones para la ceremonia del Bat Mitzva de Vani las había hecho yo. Una foto de la estatua de la Libertad con su cara, para marcar su libertad de elección y su responsabilidad en la búsqueda del sentido. La palabra que le daba significado era *Hineni*,

Heme Aquí, porque ella había elegido pertenecer al Pueblo Judío. Y ese fue el nombre elegido para la Primera Escuela de Golf para Personas con Necesidades Especiales que creé en junio de 1999 cuya metodología desarrollo a lo largo de este libro.

Esta escuela es de gran importancia en nuestra casa. Mi marido, mis tres hijas, y yo nos involucramos en este trabajo que contribuyó a aunar, aún más, nuestra relación familiar.

Más Personas colaboraron en la vida de Vani

Evelyn había hecho terapia en una oportunidad con el licenciado Eugenio Pérez Soto, creador del Centro de Psicología Existencial y Logoterapia. De él aprendí y sigo aprendiendo todo lo que sé de Logoterapia. Así pude crear la Escuela de Golf, luego de la ignorancia y el dolor.

En 1994 Evelyn se había ido de campamento con nuestra comunidad a Chile. Estábamos todos los papás reunidos en Ezeiza esperando a nuestros hijos cuando el Dr. Benenzon, papá y musicoterapeuta, me preguntó si me animaba a escribir mi experiencia con Vanina para un libro que estaba preparando, con historias de vida de jóvenes y de papás de jóvenes con necesidades especiales. Por supuesto que acepté y mi historia está contada en el libro: *Los Discapacitados y Nosotros*. Fue el Dr. Benenzon quien me mostró la ruta de la discapacidad y me animó a presentar en 1998 en un congreso que se realizaba en la Universidad Católica de Roma un trabajo que titulé: "Integración, una Manera de Vivir". El póster que yo había diseñado y presenté en el congreso me lo imprimió gentilmente la familia Wain.

Nuestra prima Masha que durante años permitió que pasásemos nuestras vacaciones con ella, nos mimó y cobijó en su casa de Florida, EEUU. Nuestras charlas eran enriquecedoras, nos daba consejos familiares y nos alentaba con la Escuela de Golf. Siempre decía con su acento venezolano: —Oye chica, tú tienes que escribir un libro con tu historia—. Vivir allí nos permitió visitar la academia de golf David Leadbetter donde Vanina y yo recibimos entrenamiento.

Marta, mi fiel colaboradora, ha cuidado de Vani y le ha dado, como a sus propios hijos, lo mejor de ella misma. Mi familia estuvo siempre lista para apoyarnos y darle todo el cariño y la atención. El primo Papchu venía a buscar a las chicas todas las semanas y las llevaba a comer y a pasear.

Vani estaba casi enamorada de su primo Maxi, que en La Bella y la Bestia había hecho el personaje de Gastón. Lo llamaba seis o siete veces por día y a veces hablaban hasta la una de la mañana. El enamoramiento pasó pero ella lo tiene siempre muy presente y lo sigue llamando para contarle sus novedades, aunque ahora espaciadamente. Quiero reconocer el apoyo de mis amigos, entre ellos Leo y Claudia, que siempre incluyeron a Vanina en las actividades, reuniones, salidas y fiestas que compartimos.

Los Abuelos y la Tía

La abuela Aída le hacía comidas especiales: latkes, tortilla de papa, pascualinas, pletzalej, alfajorcitos de maicena… Cuando se quedaba en casa los fines de semana, los sábados a la noche les contaba a sus nietas historias y cuentos de cuando ella era joven y les cantaba canciones en polaco. Vanina siempre añora sus comidas y sus mimos.

Con su abuelo, *zeide* Pedro, siempre jugaba a las escondidas por toda la casa y pasaban veranos en Punta del Este compartiendo el mar y salidas. Más adelante, ella llevaba el pelo largo, y estando él pelado, le ponía su cabellera tipo peluca. Con su abuela, *bobe* Chola, desarrolló una relación de charlas casi cotidianas sobre temas del colegio, de amigos, novios, actividades en general, juegan al Burako, salen a comer y también pasaron muchos veranos juntas.

La tía Evita es un capítulo aparte. Ella es simplemente la tía o Twity. Es su gran confesora, a ella recurre cuando le pasa algo, cuando se enoja con nosotros, o cuando tiene una gran noticia. Le encanta estar con ella, salir a pasear, es su profesora de Pintura y su compañera también de Burako.

¿Quién es Vanina Hoy?

Una joven desenvuelta e independiente que disfruta de la vida y de sus actividades. Lee, escribe, con alguna que otra falta; sabe computación, hace algunas tareas de la casa, hace compras en el supermercado, nada, juega al golf, anda a caballo, disfruta de las salidas con amigos, canta, es una excelente actriz, escribe poemas y no pierde oportunidad de recitarlos. Cuando viajamos ella presenta su pasaporte con una desenvoltura que más de uno desearía tener y muchas veces también viaja sola al exterior.

Su experiencia de pasantía en la biblioteca de las escuelas ORT fue tan buena que Vanina fue tomada como empleada. Ella trabaja allí hace más de diecisiete años. Además se desempeña como Líder Deportivo Junior y formadora en el método Goldfinger en la escuela Heme Aquí; es quien habla en los medios y quien explica la metodología en las reuniones de presentación de la Escuela, da capacitaciones a profesores y habla del sentido de la inclusión en el golf. Vani es célebre por sus discursos en toda ocasión que se conmemore: Fiestas religiosas, patrias, familiares… siempre tiene algo para decir acerca de la fecha que se celebra y lo hace con mucha desenvoltura, ubicación y sentimiento. Se caracteriza por su capacidad histriónica, su fineza y calidad para recibir la gente. Es una enamorada del amor y de la vida y un ejemplo para muchos de nosotros.

Gracias a Vani viajamos, conocimos gente, desarrollamos actividades, participamos en actos, charlas, concursos, nos hicieron notas, creamos la Escuela de Vida y nos enriqueció como familia y seres humanos. Si bien ella es una parte importante de la Escuela ya que es la que muestra el swing, quien ayuda en las clases y quien disfruta junto a todos los otros alumnos el mundo del golf, todos contribuimos en el funcionamiento de la Escuela. Evelyn, es la líder pedagógica y, además de escribir y dirigir comedias musicales infantiles, escribe y canta las canciones de nuestra metodología. Melisa es la coordinadora, también toma parte en el diseño de la metodología, trabaja con los jóvenes y tiene una excelente relación con ellos. Luis se encarga de las relaciones institucionales y es el fotógrafo de la Escuela. Y yo, fundamentalmente, como mamá, pude hacer un proceso interior de conversión que frente a lo inexorable que la vida me presentó, me ayudó a descubrir en el Sentido del sufrimiento, al que se refiere Víctor Frankl, el verdadero Sentido de la Vida.

¿DISCAPACITADOS O PERSONAS?

*Las personas con discapacidad incluyen a aquellas
que tengan deficiencias físicas, mentales, intelectuales o sensoriales
a largo plazo que, al interactuar con diversas barreras,
puedan impedir su participación plena y efectiva
en la sociedad en igualdad de condiciones con los demás.*
Convención sobre los Derechos de las Personas con
Discapacidad. Ley 26.378 Artículo 1°, inciso 2°

Parte de mi angustia cuando Vani nació es que pensé en la capacidad y no en la persona. Tampoco pensé que tenía un nombre, que le habíamos elegido, que iba a comenzar a transitar su propia historia y que tuvo la grandeza de incluirnos a nosotros como familia y a hacernos mejores personas.

Nunca se supo cómo llamar a las personas que se diferenciaban de las "normales". Después de pasar por un abanico de nombres: deficiente, mogólico, retardado mental, idiota... en el año 2006 se establece en la Convención sobre los Derechos de las Personas con Discapacidad llamarlas de ese modo: Personas con Discapacidad. Aun así, siempre me resistí a usar el término Discapacidad, porque entiendo que se refiere a una no capacidad, a lo que NO se puede lograr, hacer, o sentir. No le da a la persona ninguna chance, la deshabilita.

En una jornada en Mar del Plata una disertante se refería a la Convención de las Personas con Discapacidad y una joven muy preparada, activa, trabajadora, la interrumpió: —¡Basta! — dijo —Estoy cansada que me llamen discapacitada, que me pongan rótulos. Yo tengo un nombre y quiero que me llamen por él. — Y se sentó muy enojada.

Aunque la señora que hablaba se sintió muy incómoda porque tenía que continuar con el tema, yo aplaudí a la joven porque comprendí su sentir.

En otra oportunidad en la que yo disertaba acerca de la Escuela en el Consejo de Profesionales de Ciencias Económicas, hablé de la soledad profunda que tienen las personas con "discapacidad", (decidí utilizar el término que usa la mayoría) y María Elis, una alumna que estaba presente se levantó y dijo: —Nora estás equivocada. Yo no soy una discapacitada, yo soy como las otras personas y no me gusta que me llamen así.

Silencio total… muy calma le contesté: —Yo estoy de acuerdo con vos María Elis, tampoco a mí me gusta.

Entiendo que desde lo legal y desde lo universal haya que adoptar códigos comunes para que todos sepan de qué están hablando cuando se refieren a las leyes, al autovalimiento, al derecho a la vida, el derecho a las elecciones propias, a la educación.

Desde que creé la Escuela utilizo el término Personas con Necesidades Especiales. ¿Por qué?

En primer lugar hablo de Personas, no pienso en su capacidad pienso en una persona y desde ahí le doy un valor de igualdad y la incorporo a mi mundo. Y luego hablo de necesidades especiales. La sociedad está preparada para la media, hay una media para la salud, la odontología, la psicología, el derecho. Pero nuestros jóvenes no están en la media de la sociedad. Hay muchos profesionales que por distintos motivos no tuvieron oportunidad de relacionarse con ellas o llevar adelante un tratamiento, por eso digo que estas personas tienen necesidades especiales; educativas, médicas, sexuales, odontológicas, de pareja, de resguardo, y también de amor. Sus necesidades les son propias. No están en la media de la sociedad. Hay que crear adecuaciones de todo tipo para responder a sus necesidades.

Existen comunidades que por su pasado de guerras, de educación o cultura, conviven a diario con personas con distintas dificultades y la sociedad misma se encarga de responder a todas sus necesidades: infraestructura, mayores oportunidades educativas otorgadas por el estado, leyes laborales que los incorporan al mercado abierto, leyes de salud que cubren ampliamente sus necesidades y previsiones para cuando ingresen en la edad adulta.

En la actualidad gracias al esfuerzo de padres, pedagogos, maestros, deportistas, se están rompiendo rígidas estructuras de pensamiento en el área de las necesidades especiales y la sociedad les ha dado un lugar a estas personas ya que ha tomado conciencia del potencial que ellas tienen para desarrollarse y brindarse a la comunidad.

Para que este proceso de inclusión tenga éxito la sociedad debe prepararse para recibir este cambio desde distintos lugares.

"Es más fácil desintegrar un átomo que un preconcepto", dijo Albert Einstein.

Inclusión y Diversidad dos caras de una misma moneda. Si no hay diversidad ¿qué quiero incluir? A mí mismo o al otro. ¿Y cuál es el parámetro que voy a utilizar para hacerlo? Yo soy el metro. Para incluir debo aceptar al otro por lo que el otro es y no solo por lo que vale de acuerdo a mi metro. Construimos paradigmas y de acuerdo a ellos visualizamos y aceptamos al mundo. Pero nos falta una parte del todo, lograr la comprensión -o mejor dicho la comprehensión- del otro. En tanto el otro me mide según su propio paradigma ¿Y si yo estoy en la diversidad y si es *Él*, el que no me Incluye a *Mí*? Entonces el acento cambia y soy yo el que quiero pertenecer y el otro va a ver si me acepta. Esto es común en pueblos pequeños o en sociedades cerradas o muy tradicionalistas que siempre ven al extraño como una amenaza para su supervivencia o continuidad histórica. ¿Cómo me siento cuando esto sucede?

¿Cuáles son los ejes con los que mido la diversidad? Steven Covey dice: "Y nos deben recordar que la diversidad no es solamente una cosa externa, es también interna". Es también mi color de ojos, pelo, raza, religión, ideas políticas, eso es parte, pero - y aquí creo yo que está el meollo del tema - aceptar la diversidad de pensamiento, de deseos, de actitud, de convicción, de sentimientos, de sueños, de creencias… es el gran desafío.

Un pasaje del Pirkei Avot, (Libro de Ética de Nuestros Padres) dice que *debo amar al otro por lo que realmente es y no por lo que yo creo que el otro vale*. Si así fuera lograríamos establecer mejores vínculos con el otro porque lo reconoceríamos como la persona que es y no por la imagen mental que nos forjamos de acuerdo a nuestras expectativas o ilusiones. Quién no se ha enamorado de alguien pensando que era de una determinada manera y luego se desencanta y dice: —No, no era lo que yo esperaba— Por supuesto que no lo era, porque vemos al otro desde nuestro propio deseo y no nos tomamos el trabajo de verlo tal cual es, porque si no sería más difícil asimilarlo a nuestro propio mundo y nos quedaríamos sin novio.

¿¿¿Otra vez no aceptamos la diversidad???

El aceptar o no la diversidad da la OPCIÓN de Elegir. Y también al otro. Ahora bien. ¿Cómo elijo formar parte del paradigma? Al tomarse uno como parámetro no entendemos conscientemente que es un mecanismo que tenemos para conocer al mundo, y por el contrario actuamos y pensamos como si el mundo incuestionablemente fuera así. Desde otro punto de vista, el otro deja de ser *más*. Por ejemplo, *más* alto con respecto a mí para pasar a ser rotulado: alto, inamovible, distinto, incomprensible, fuera de mí. Para que la inclusión sea real no basta hacer una sumatoria de cuerpos, es necesario incorporar al otro en mi mente, cuerpo y espíritu y una vez que lo tengo incorporado y se produce esa triple aceptación, es que se logra la real inclusión.

APRENDIZAJE Y GOLF

Inclusión, lugar donde podemos estar juntos compartiendo actividades cada uno desde su unicidad, brindándose al otro, aprendiendo cada uno a respetar sus propios límites y valorar las posibilidades de los demás. Siguiendo esta línea es que hemos pensado en el golf como un deporte que introduce y otorga la condición generosa y sensible del Handicap, voz inglesa que significa: "ventaja que reciben recíprocamente los competidores en la lucha deportiva para equilibrar sus posibilidades de triunfo".

Handicap, palabra maravillosa tan difícil de otorgar a diario a nuestros semejantes, forma parte de las Reglas y Condiciones de este singular deporte, que es el golf el cual respetando la diversidad de capacidades, iguala equitativamente las oportunidades de todos. En esta sociedad competitiva en donde el triunfo es privilegio de unos pocos, esta actividad es un sueño posible de realizar para todos sin exclusiones, sin rechazos y con la premisa: AMA A TU PRÓJIMO COMO A TI MISMO.

A la Escuela de Vida **Heme Aquí** concurren personas con

síndrome de Down, personas sin diagnóstico, personas con discapacidad cognitiva leve o moderada, personas con autismo, con síndrome de Asperger... Cada patología tiene características propias desde lo físico, pero también puntos en común como es

la posibilidad de realizar un aprendizaje con una pedagogía adecuada y tal vez lo que sobresale son las ganas de disfrutar, divertirse, esforzarse, tener metas y cumplirlas.

Se ha comprobado que más allá de la presencia de una discapacidad es fundamental el grado de estimulación que reciba el niño. Como decía el maestro doctor Carlos Gianantonio: "La estimulación debió comenzar ayer".

La estimulación, tan importante para todos los niños, lo es todavía más en las personas con discapacidad mental teniendo en cuenta que su aprendizaje es más lento.

Necesitan ser guiados en el proceso de aprendizaje ya que hay que enseñarles lo que los niños comunes aprenden espontáneamente. De ahí que se haya desarrollado tanto la metodología de aprendizaje, la búsqueda de estímulos, la utilización del color, del juego, la concretización en la enseñanza de matemáticas, nuevas técnicas de enseñanza en ciencias sociales, todas buscando siempre extraer las máximas capacidades. La atención es más lábil y se cansan bastante rápido por lo que hay que buscar la originalidad en las propuestas para acaparar su atención. La incorporación de conocimientos es lenta por lo que se debe trabajar mucho en la repetición de lo enseñado ya que si bien manifiestan comprensión hay que reforzar el aprendizaje hasta consolidarlo y aún así hay que volver a repetirlo en distintos momentos. Se debe construir una enseñanza por etapas, con repeticiones e ir incrementando la complejidad poco a poco.

Las personas con síndrome de Down tienen dificultades en el lenguaje oral por lo que a veces no dan respuestas habladas a las preguntas o consignas. Eso hace que sea difícil acceder a una lectoescritura ya que al pronunciar mal no pueden luego escribir las palabras con todos sus caracteres. Aquellos jóvenes que alcanzan un buen desarrollo verbal tienen en general una buena lectoescritura. La cuestión pasa en realidad por la expresión más que por la comprensión. Por eso entienden más de lo que pueden expresar y hay que estar atentos a otros modos de comunicación y expresión, como ser: el cuerpo, las manos, los gestos y los sonidos. Otra dificultad es la motricidad fina y gruesa.

Con la primera, la ejecución de la pinza (tomar un elemento con los dedos índice y pulgar), muestra cierto grado de complejidad, por lo que volviendo a nuestro trabajo en el golf, hay que trabajar mucho en la acomodación de las manos y dedos en la toma del palo (greep). En cuanto a la motricidad gruesa hay dificultades con la rotación, con el tono muscular, con el giro de las piernas, con el giro de los brazos. También la forma de las manos difiere entre unos y otros, algunos tienen dedos más cortos y más unidos entre sí y la palma de la mano es más corta, eso hace que la plasticidad de la mano sea menor a la hora de tomar el palo. Se debe trabajar entonces sobre la comprensión de las consignas dadas y sobre la dificultad física de tomar el palo, la postura (stance) y el swing de acuerdo a cada posibilidad. Debemos coordinar dos planos al mismo tiempo: el cognitivo y el físico, ya que mientras impartimos las consignas de cuál es el objetivo de cada elemento, postura, swing... debemos hacerlo de manera atractiva, comprensible, fácil de retener, musical y además se debe trabajar en la ejecución de los movimientos adaptándolos a sus posibilidades.

En el tipo de enseñanza tradicional de golf, el profesor enseña a efectuar los tiros con los distintos palos y la mejor manera de realizar cada golpe. Se tiran muchas pelotas y se practica. Se incorporan términos como greep, stance, posición de manos, de giros, backswing, downswing, finish. El alumno debe procesar, metabolizar y devolver con el golpe esta cantidad de información que se le trasmite. En el caso específico de nuestra escuela es fundamental el trabajo previo a los instructores. Cada elemento, cada palabra, cada movimiento debe ser explicado muchas veces para lograr su comprensión. Un movimiento debe enseñarse en dos o tres etapas para captarlo en forma total. La repetición de lo enseñado contribuye a obtener buenos resultados y lograr golfistas que estén en condiciones de salir a la cancha a jugar un partido.

En **Heme Aquí** se trabaja desde lo pedagógico, lo

deportivo, lo psicológico y lo social para provocar cambios y logros desde la unicidad.

ESCUELA Y CRECIMIENTO

Es esta libertad espiritual, que no se nos puede arrebatar,
lo que hace que la vida tenga sentido y propósito.
Viktor Frankl

Imagen y Semejanza

El Principio

"...Y seréis como dioses"

Espero un hijo a Imagen y Semejanza divina. Pensamos que la semejanza debe ser física, mental, de acuerdo a como somos nosotros. Pero ¿cuál es esta imagen? Queremos que nuestros hijos sean nuestros espejos y para nuestro narcisismo cuanto más igual a nosotros, mejores.

Cuando nace un bebé con necesidades especiales nuestro mundo se desequilibra. Comienzan las preguntas sin repuestas: ¿por qué a mí, qué voy a hacer, qué va a pasar con mi familia, con mis otros hijos, con...? Intelectualizamos situaciones y nos olvidamos de Sentir. No nos damos cuenta que quien nació es un Ser Humano. Estamos preparados para ser mamás o papás de personas comunes, tenemos armada una familia estándar, regida por modelos estándar y así queremos que sea la nuestra. Cualquier desviación de ese parámetro nos causa temor porque nos obliga a cuestionarnos a nosotros como personas, nuestros valores pasan por un tamiz de ajuste, redimensionamos las palabras papá y mamá. ¿Yo también soy mamá para un chico con necesidades especiales? ¿Soy la misma o debo transformarme en otra? ¿Soy una mamá para un hijo y otra mamá para el otro? Y la pregunta es: ¿Quién es el otro? Y ahí aparece mi desconcierto, mi ignorancia, mis dudas, duda de que si yo podré ser la madre que este nuevo hijo necesita. Duda de que si yo voy a poder darle todo lo que necesita. Duda de cómo va a encajar con mi familia estándar. Duda de cuál será la respuesta de la sociedad. Duda de mí y duda de mi pareja.

En un primer momento mi raciocinio me dice lo que debo

sentir, intelectualizo mi situación mientras mis sentimientos están paralizados. Siento lo que la razón me dice que sienta. Trato de imaginar mi vida de aquí hasta el final de mis días con este hijo distinto pero esperado. Me atormento a preguntas, si me va a entender, si va a ser una planta, si podrá caminar. ¿A qué colegio irá; cuál lo aceptará; qué dirán los novios de mis otros hijos, que hoy todavía son bebés; estará condenado a vivir una vida sin risas ni expectativas o a lo mejor algo podrá disfrutar...?

Y un día me decido a dejar de preguntar y a sentir... y a sentirlo. Y lo empiezo a mirar como un ser humano. Y me doy cuenta que tiene hambre, sueño, frío y calor igual que nosotros. Y lo veo reír y me asombra, no es una sombra, tiene una semejanza, es mi semejante. Entonces pienso: también fue creado a Imagen y Semejanza de D's.

Noto que la Imagen y Semejanza no es física ni intelectual sino que hay otra dimensión que no había tenido en cuenta, la espiritual. Que hay otro tipo de necesidades en las que nos parecemos, más allá de las fisiológicas, que es el sentir, el querer, el crear, el soñar, la alegría, el candor, la sinceridad... Como dice el rabino Goldman: "Ellos se parecen a D's más que nosotros porque tienen mucho amor dentro de ellos y D's también es amor". Y también yo empiezo a sentir y empezamos a descubrirnos como seres. Como seres creados a imagen y semejanza que podemos conformar una familia. Así simplemente; una familia sin rótulos, ni esquemas fijos y juntos comenzamos a recorrer un camino lleno de corcheas y bemoles en el que luego de transitarlo un tiempo comienza a sonar una pequeña melodía.

EL GOLF COMO ANALOGÍA DE VIDA

Ahora pensemos en el golf como analogía de vida. El tee de salida es nuestro nacimiento, como salimos a la vida por primera vez. Si tenemos suerte tenemos un caddie o un compañero que nos guíe, corrija, nos recuerde y aconseje para hacer ese primer tiro. Él me ayudará con mi postura, con la forma de agarrar el greep inclusive me enfocará hacia dónde está esa meta; que nunca la pierda de vista y pueda enfilarme a un camino con la vida que voy armando a lo largo de cada golpe. No hay nada seguro, a veces el viento o las ansias me juegan en contra y antes que me dé cuenta ya estoy fuera del límite. Requiere esfuerzo extra y mucha concentración volver a mi camino. Es difícil retomar si lo perdí de vista, por eso mi mirada debe estar siempre puesta en el objetivo, en el green, en el hoyo.

Como si yo mismo no representara bastantes contradicciones y distracciones, además la cancha, la vida me presenta obstáculos externos, que a veces bajo las atractivas formas de azules lagos o doradas arenas me atrapan en un lugar en el que realmente no debo estar, que sin ser mi decisión me retrasan el juego. Lugares de los que muchas veces solo debo salir ya que lejos de representar un apoyo son una traba. Este es uno de los momentos cruciales: puedo dejarme vencer por estos impedimentos externos, por estas monstruosas imposiciones, o puedo decidir seguir adelante y tomar estos contratiempos como una verdadera oportunidad de crecer, de superarme. Puede tomarme varios tiros, pueden pasar varias oportunidades sin que logre hacer el movimiento correcto. Pero siempre recordando lo aprendido en la práctica, tomar el desafío es el primer paso para salir adelante. Y encuentro el green, mi lugar, el espacio en donde puedo concretar lo que antes veía tan lejos. Es el momento de disfrutar plenamente y calcular tranquilo cada jugada sintiendo el dulce sabor de la próxima victoria. Casi olvidándome por un instante de todo el esfuerzo empleado doy el último golpe y si emboco en el hoyo, logro mi objetivo. Por unos instantes siento a la pelotita volar, el tiempo se paraliza y soy conquistador de mi propio sueño:

¡Heme Aquí! lo he logrado.

He ganado una batalla, he jugado mi juego, y el próximo hoyo me espera. Empiezo con confianza a mi favor pero empiezo todo de nuevo. Cada hoyo es un juego en sí mismo, es una etapa de la vida, no me puedo quedar en el pasado, debo pensar en mis nuevos proyectos y oportunidades de crecer y avanzar un poco más en este juego de la vida que es el golf. Reitero, están las barreras internas y las externas. Las internas ya comencé a ajustarlas pero las externas todavía están desencajadas.

Ya acepté a mi hijo y quiero darle lo mejor como le doy a mis otros hijos y me encuentro que se avanzó mucho pero todavía hay mucho resquemor, ignorancia, falta de oportunidades, que hacen que me esfuerce aún más para conseguir incluirlo a la sociedad. Busco oportunidades; busco escuelas, trabajos, deportes... Y entre los deportes elegí el golf por las posibilidades que yo sabía que me ofrecía. Inclusión. Pero me esperaba otra realidad. Los discapacitados no pueden jugar al golf. Cuando hablé de mi proyecto con algunos profesionales me dijeron: "Ellos no van poder, no entienden". Comprendí entonces que quienes me estaban hablando desconocían el tema, no habían tenido la oportunidad de verlos actuar. Años después se transformaron en los más entusiastas de los jóvenes golfistas dándoles clínicas de golf, invitándolos a jugar a sus clubes, disfrutando de su compañía y valorando sus logros.

Existía una realidad: a nadie se le había ocurrido que nuestros jóvenes podían jugar golf. Algún jugador aquí o allá, pero en general no se los consideraba aptos para este deporte. Primera barrera impuesta por el afuera. Las personas con necesidades especiales no son aptas para el golf.

Tenía que tomar una decisión: aceptar esta realidad o enfrentarla. Y si lo enfrento, ¿cómo lo hago? ¿Vale la pena el esfuerzo? ¿y los resultados? Una vez que decidí que sí, que valía la pena, apareció otra cuestión: ¿Cómo se organiza este nuevo aprendizaje? ¿Cuáles son las posibilidades? ¿Cuál es el sentido de aprender golf? ¿Cuál es el valor de esta nueva actividad? ¿Para qué me sirve? ¿Puedo transformarlo en algo positivo para ellos?

INCLUSIÓN Y GOLF

Heme Aquí nace con una visión bio-psíquica- espiritual y social y desde esta perspectiva inclusiva trabaja con los alumnos. Desde lo biológico, estimulando la concentración, trabajando la estructura física, mejorando la coordinación, el esquema corporal y la postura. Desde la psiquis, trabajando la autoestima, estimulándolos en su desarrollo personal, conformando su grupo de pertenencia. Y teniendo en cuenta que un individuo no puede funcionar sin la parte ética-espiritual es que se apunta a los valores como compañerismo, amistad, esfuerzo, respeto y sinceridad.

Se considera al alumno un ser total, actuando en el complejo universo del mundo humano que va a proyectar su unicidad a la sociedad para que ésta lo admita como un par, con sus particularidades y sus universalidades. Día a día se trabaja para demostrarles que sí, que ellos pueden. Pero no sólo que pueden jugar entre iguales sino que también lo pueden hacer con otras personas. Y es éste, la inclusión, el verdadero sentido de nuestra escuela.

Desde lo social, se promueve el afianzamiento de la cohesión grupal, conectividades y juegos preparados especialmente para que los jóvenes participen y compartan sus vivencias y experiencias con el resto. Esto ha permitido generar un sentido de pertenencia, porque los alumnos han encontrado un grupo de amigos con el que festejan los cumpleaños y las fiestas y comparten salidas que suelen ser hacia fuera, hacia la sociedad.

Como escuela hemos comenzado a florecer, a crecer, hemos logrado que nos conozcan y que nos respeten y desde luego, hemos comenzado a participar en torneos inclusivos. Y aquí dejamos paso a la confianza que van generando los jóvenes en sí mismos a partir de responder a las exigencias de este deporte. Poco a poco van desarrollando sus habilidades y van creando sobre sus posibilidades las respuestas al entrenamiento. Lo dado: un cuerpo con ciertas desventajas, unas manos con mayores dificultades para tomar el palo… pero justo allí está la superación para adaptar su físico, para lograr un buen swing. Y nos estamos refiriendo a superación de barreras físicas y espirituales y estamos hablando de creación. Siempre se dijo que los discapacitados mentales no eran capaces de crear y en el golf están demostrando que sí, que se puede. Viktor Frankl, el padre de la Logoterapia, lo llama voluntad de sentido.

En esta voluntad se concentra la disposición de una persona para convertir las realidades y posibilidades encontradas por ella en acciones con un máximo de sentido alcanzable. La disposición de aceptar y cumplir con una misión con la que se encuentra confrontada.

En otras palabras, la voluntad de sentido me motiva y me hace libre para jugar al golf e integrarme a la sociedad a pesar de ser y por ser una persona con necesidades especiales. Desde la autoestima se refuerzan los beneficios obtenidos. Ya estoy seguro de mis logros, me gusta lo que hago, con quien lo hago, encontré nuevos amigos, conozco gente nueva, me relaciono, disfruto con el deporte, le doy una nueva perspectiva a mi familia, a mis padres, a mis hermanos.

La metodología de **Heme Aquí** propone que todos los jóvenes reciban trofeos. Con ellos no valuamos la capacidad deportiva sino su intención, su dedicación, su esfuerzo, sus logros, estamos fomentando su seguridad. Los alumnos arman en sus casas su "rinconcito" donde colocan además de los trofeos ganados, ya sea por participar o por haber ganado un torneo, los artículos de los diarios, de las revistas, el material que se les entrega en la escuela. En casa se comentan estos logros. Ahora ellos, al igual que el resto de la familia, tiene qué contar en la mesa: Yo también obtengo logros y voy generando respuestas a mis necesidades.

En una etapa tan difícil como es la de la adolescencia, los jóvenes con necesidades especiales se encuentran cada vez más solos, ya que van terminando el colegio y se quedan sin amigos, sin grupo de pertenencia. La Escuela de Vida **Heme Aquí** les brinda la oportunidad de compartir salidas deportivas, reuniones, cumpleaños, situaciones familiares; de contar sus inquietudes, de socializarse. Asisten contentos a la escuela porque vienen a encontrarse con sus pares y desde el encuentro superar sus diferencias para decir con alegría SÍ A LA VIDA, SI AL SENTIDO.

NACE UNA IDEA: NACE UN VALOR

La búsqueda por parte del hombre del sentido de la vida
constituye una fuerza primaria
y no una "racionalización secundaria" de sus impulsos instintivos
Viktor Frankl

Desde que nació Vani siempre trabajé a favor de la Inclusión porque es un camino de dos vías: unos perciben el esfuerzo que hacen los jóvenes con necesidades especiales para alcanzar las mismas metas que ellos y ver en la práctica cómo lo logran y los otros conviven y reciben estímulos en forma natural y se preparan para vivir en sociedad.

Desde lo deportivo me preguntaba qué deportes podía compartir Vanina con otros jóvenes como una igual. Sabía que no la podía incluir en los grupales como voley o handball por su dinámica propia: velocidad de respuesta y agilidad en su ejecución. La anoté entonces en gimnasia deportiva, donde llegó a ganar algún trofeo, y practicaba natación, pero no dejaban de ser deportes individuales en los cuales, aunque estaba con chicos comunes, no establecía reales vínculos. Cuando comenzó tenis, me di cuenta que sus compañeros de juego también serían personas con necesidades especiales, o el papá, o sus hermanas, o alguna amiga que quisiera jugar con ella. Entonces empecé a pensar en el golf.

¿Por qué Golf?

Porque me gusta, porque lo practico desde hace más de cuarenta años y cuando no lo juego, hablo de él, o visito canchas, o tomo clases. Así que de alguna manera el golf siempre estuvo presente en mi casa. Mis hijas solían acompañarme a la cancha, a veces la caminaban y otras intentaban practicarlo. Noté que Vanina, además de realizar tiros muy buenos, respondía favorablemente ante mis estímulos.

Para ese entonces hicimos un viaje a Estados Unidos y con Vani y una pareja amiga, Mike y Harriet, fuimos a jugar a una canchita de 9 hoyos, par 3 muy linda, con un lago en el centro, por lo que requería tiros precisos. Vani nos sorprendió, pegaba muy bien e hizo muy buen puntaje. Esto me llevó a pensar en el golf como deporte adecuado para la inclusión y así nació el proyecto de enseñar golf a personas con necesidades especiales.

Mi hija fue mi voluntad de sentido y mirándola, vi a muchos jóvenes que podían llegar a tener la misma respuesta que ella. Por eso, sin pensarlo, me sentí atraída por un valor y cuando uno descubre un valor siempre corre tras él para que se plasme el sentido. Y así, sin darme cuenta, estaba vislumbrando mi propia misión. Por eso ¡Gracias Vani!

¿Y qué encontré en el golf?

Al ser el golf un deporte cuyo score lo pone la cancha permite que personas con distintas habilidades puedan compartir el juego sin modificar el suyo individual.

El golf tiene en su reglamento incorporado el Handicap, que determina una ventaja comparativa otorgada a aquellos que menos saben. Handicap es también ese privilegio que recibimos las personas llamadas comunes para enfrentar el desafío de la vida cuando nacemos con todos nuestros sentidos y habilidades intactas… Handicap, que da esta ventaja justamente a quienes recién empiezan a jugar. Es decir, que a menor conocimiento del juego, mayor handicap. Y es ésta otra de las razones por las cuales pensé en este deporte ya que respetando la diversidad de capacidades, se iguala equitativamente las oportunidades.

El golf es un juego de múltiples diversidades que comparten una cancha. Podemos extrapolar la situación que se da en este deporte a otro escenario: la sociedad, que se construye a partir de y con las diferencias. Esta posibilidad de inclusión que permite el golf debería existir en la sociedad toda; el Yo debería incluir al Tú, y Yo como persona desde mi unicidad debería verme reflejada en el otro aun cuando el otro tenga un nivel de juego distinto del mío.

Compartir varias horas en una cancha hace que los jugadores se relacionen entablando diálogos, comentarios, pero sobre todo, al no ser el otro mi rival, genera una situación de compañerismo, ya que en realidad no se sabe quién de todos los que están jugando en toda la cancha puede ganar. Entonces no tengo a mi adversario enfrente, no le veo la cara y no me lleva a una situación estresante el ver a mis competidores jugando a mi lado. Juego con un otro y no contra otro. Esto permite entonces que se establezcan situaciones donde el otro me puede ayudar a buscar mi pelota perdida, o vea si se salió del límite de la cancha o celebrar un tiro bien dado.

A medida que van creciendo, las personas con necesidades especiales ven limitadas sus posibilidades de participar en la sociedad. La mayoría van a talleres protegidos o laborales y las probabilidades de inserción en el mercado laboral abierto son reducidas. Es el golf el que les permite, aunque sea por unas horas, recibir los estímulos de la sociedad "común". Este mutuo conocimiento opera como un "abridor de mentes". En el curso de la caminata, que se hace en forma tranquila y relajada voy conociendo al otro y cuando juegan personas especiales y comunes les va permitiendo a las primeras conocer y saber de los logros que pueden alcanzar estas últimas; sí, con esfuerzos, con decisión y con alegría. Cuando comienza el juego la persona común piensa que sale a jugar con un discapacitado y termina encontrando a una persona con sentimientos, con capacidades, a alguien como él. Descubre a la persona que está detrás del discapacitado. Esto va a permitirles, a las personas comunes abrir el mercado laboral: empresas, instituciones, organizaciones; pero también incluirlos en sus hogares y en las escuelas.

Las personas con necesidades especiales a través de los torneos integrados, van ejecutando su Misión y concretando la Visión, que es lograr una sociedad más justa y solidaria donde el Tú se acerca a mi Yo a través de valores positivos como el reconocimiento de sus habilidades, de sus capacidades, de sus cualidades, de su amor, de su conducta honorable, de su tesón, hasta de sus logros alcanzados casi con ingenuidad. Ingenuidad que surge de la fuerza interior inconsciente para salvar obstáculos. Porque no nos equivoquemos: las personas con necesidades especiales tienen conciencia de su ser especial y de ser observados, negados y obstaculizados en la consecución de sus objetivos. Pero sin embargo es esta carga emocional que debidamente trabajada arroja frutos en todos los campos en donde se les brinda la oportunidad.

Particularidades del golf

Desde lo estrictamente deportivo el golf es un deporte que fortalece brazos y piernas, estimula el ritmo cardíaco, desarrolla la concentración, mejora la rotación del cuerpo, mejora la coordinación neuro-muscular, mejora la postura, aumenta la capacidad viso-motora-espacial, establece relaciones entre fuerza, distancia, espacio y velocidad; elimina el distrés, se practica al aire libre rodeado de espacios verdes, dando una sensación de libertad; enseña reglas de moral y ética aplicables en la vida cotidiana.

¿Por qué el nombre?

La Escuela de Vida **Heme Aquí** se enmarca en una filosofía pensada cuidadosamente que comienza con la elección del nombre; es casi la única escuela que no lleva el nombre de una institución deportiva, ni el de un deportista, ni el de algún miembro respetado de la comunidad, sino uno que atiende a una visión de las personas a quienes está dirigida. Este nombre está pensado desde la elección de vida que realizan los jóvenes con necesidades especiales quienes, a pesar de tener desventajas comparativas, tienen la valentía de buscar su lugar en este mundo y luchar por él. Y dicen: "AQUÍ ESTOY, Yo también soy parte, quiero SER Y PERTENECER" por eso elegimos el nombre.

Cuenta el relato bíblico que D´s llama a Abraham y le pregunta: "¿Dónde estás?" y Abraham le responde: "HEME AQUÍ". Uno piensa: ¿cómo es que D´s que todo lo sabe y todo lo ve le hace esta pregunta a Abraham? Pero es que él con su "Heme Aquí" le contesta que está presente, no sólo físicamente, sino con todo su ser, su conciencia y su presencia, su espíritu y su forma; como hacen los alumnos de esta escuela, están presentes, no sólo físicamente sino que están dispuestos a luchar por su lugar y dar lo mejor de cada uno para decir: "Heme Aquí".

Quienes vienen a la escuela a buscar respuestas, oportunidades y desafíos encuentran en el golf su forma de trascender en la sociedad para hacerla más equitativa, más inclusiva.

Las Espinas son las que hacen florecer a las Rosas

En cada torneo en el que participan se produce el encuentro amoroso entre cada uno con su YO y cada otro con su TÚ para conformar un NOSOTROS.

INTEGRACIÓN-INCLUSIÓN-INUSPSIQUIS

La incorporación de las personas con necesidades especiales a la vida diaria de la sociedad muestra diferentes formas de aceptarlas y de llamar dicha aceptación. Cuando una persona con necesidades especiales trabaja, o asiste a la escuela, o a un grupo de teatro con personas convencionales, muchas veces se dice que hay integración solo porque coexisten en un espacio físico común. Si consideramos que la palabra integración es un concepto fundamental de las matemáticas avanzadas que considera una integral como una suma de infinitos sumandos, la estamos utilizando correctamente: personas ocupando un mismo espacio con un mínimo de contacto, pero casi con ninguna aceptación. Por ejemplo, cuando se refieren a quien está integrado en el colegio sólo porque ocupa un lugar en el aula, pero en realidad, no se le da un lugar de persona, ni está incorporado al otro como tal. O cuando en un trabajo se aprecia el desempeño más desde lo afectivo que desde la valoración real del mismo.

En la búsqueda de una palabra cuyo contenido fuera más puntual, más exacta en su definición aparece la palabra Inclusión que es la aceptación psicólogica del otro; y aquí surgieron nuevas dudas, porque puede referirse a la mera aceptación intelectual y no llegar a la aceptación emocional. Actualmente, todas las personas hablan de la inclusión de las minorías, del género, pero ¿cuántas las aceptan realmente? ¿Quiénes se atreven a desafiar la presión social y decir públicamente lo que sienten? Entonces ¿dónde está la aceptación del otro?

La Escuela de Vida **Heme Aquí** considera a la persona como una unidad social-psico-físico-espiritual por lo que las palabras Integración e Inclusión no alcanzan a satisfacer nuestra visión. Pero también se necesitaba una definición que abarcara en forma integral la aceptación del ser de la personas con necesidades especiales. Y fue nuevamente el golf, con los torneos inclusivos, lo que permitió encontrar respuesta a esta búsqueda.

En la cancha de golf juegan juntas personas con necesidades especiales y comunes, en la misma cancha, con los mismos elementos, con las mismas reglas, en igualdad de condiciones. Y en este recorrido se va produciendo un conocimiento, un aprehender al otro. Las personas comunes pueden observar desde lo vivencial el comportamiento, los logros en el juego; desde lo actitudinal, la conducta en la cancha; desde lo intelectual, el conocimiento del juego; desde lo lúdico las relaciones que se establecen entre los jugadores. Pensando en esta idea del hombre como una unidad que se relaciona con otros desde un plano de igualdad, como persona, es que nos referiremos a una palabra acuñada especialmente: INUSPSQUIS.

Para que se produzca una verdadera aceptación en la inclusión no basta con juntar personas con distintas capacidades en algún lugar y decir que hay inclusión, ni alcanza la aceptación psicológica por sí sola, ni aun la parte afectiva simplemente: "¡Son tan cariñosos…!" Para que haya un cambio en la mentalidad debe haber una real aceptación de cuerpo, psiquis-mente y espíritu-alma. ¿Y cuando se produce esto? Cuando se juega en una misma cancha, en un mismo trabajo, con los mismos elementos que juega o trabaja el otro, en igualdad de condiciones. Es una aceptación que atraviesa la piel y se ubica en lo interno, en las entrañas (IN). Una vez que está adentro, esta aceptación pasa al *nous* espíritu-alma, (NUS) y finalmente a la PSIQUIS; donde intelectualmente acepto al otro, pero lo reconozco porque esa aceptación nace desde el inconsciente espiritual y llega a la conciencia-psiquis. Es en ese momento, cuando se puede decir: Estoy incluído con todo mi ser bio-psico-espiritual-social. INUSPSIQUIS.

El golf: su Visión y su Misión para Heme Aquí

<u>Visión:</u> Preparar personas con necesidades especiales como ciudadanos y como jugadores de golf para que sean ellos los protagonistas como factor de cambio para lograr una mayor inclusión en la sociedad y hacerla más equitativa.

<u>Misión:</u> Utilizar el golf como vehículo para lograr inclusión social entre personas con necesidades especiales y personas comunes.

El golf permite tener una vivencia profunda del Amor que se manifiesta en el desarrollo de las posibilidades que están ocultas en los condicionamientos. Desde los valores vivenciales, donde están todos los sentidos tan importantes para la relación con la vida y el contacto con la propia Libertad: "yo decido ante mi vida" manifestando sentimientos de felicidad y alegría por los logros del nuevo aprendizaje del golf.

Padrinos de la Escuela Heme Aquí

Contamos con el honor de tener como maestros y padrinos a grandes del golf argentino.

El maestro Roberto De Vicenzo: ganador de más de 200 títulos internacionales, conocido como el Hombre Golf, no sólo por su espíritu deportivo, sino por su honorabilidad y corrección tanto dentro como fuera de la cancha, ha dado clínicas de golf y siempre nos asombró cómo conoce el swing y la evolución que van logrando cada uno de los golfistas. Le encantaba compartir charlas y disfrutaba mucho de la compañía de los jóvenes. Roberto nos legó una enseñanza más:

"Lo cierto es que el golf nadie juega como quiere sino como puede. Y estos chicos pueden y les va a ser muy útil en su vida. Ellos lo hacen a su manera pero pueden hacerlo y lo pueden utilizar en sus vidas. Con el golf van a tener muchas alegrías y muy lindas relaciones humanas. Es sorprendente el progreso de estos chicos en el golf, que aprenden a ejecutar swings espontáneos escuchando temas musicales y cantando. Me parece un método de enseñanza muy inteligente que da como resultado tiros muy precisos."

Vicente *Chino* Fernández, otro señor de la cancha al que le encanta colaborar con la escuela y estar con los jóvenes, nos dice:

"Para mí el golf es como la vida. En primer lugar todos los días uno está aprendiendo y el golf es muy parecido. Lo que si hay que tomar en cuenta es disfrutar en la vida como en el golf los buenos tiros, los buenos momentos. Y yo les digo: que lo disfruten, que lo jueguen y que se diviertan."

El cordobés Eduardo *Gato* Romero: excelente golfista de nivel internacional también es padrino de la escuela. Cuando juega en Argentina y lo vamos a ver, el *Gato* siempre sale de su formación y les regala una pelota a los alumnos de **Heme Aquí,** que lo siguen en el juego. Y ellos, orgullosos, la guardan entre sus recuerdos más importantes.

Primeras presentaciones de la Escuela

En el año 1998 participamos en la Universidad Católica de Roma, en una conferencia sobre Aislamiento y Discapacidad. En el año 2000 viajamos con Vani a presentar la Escuela en el Congreso de la Down Syndrome Association, en Washington, donde causó sorpresa y admiración. Además tuvimos la oportunidad de hablar sobre la escuela con el entonces presidente Bill Clinton, en la Casa Blanca. En el año 2001 expusimos en el Primer Congreso Latinoamericano de Pediatría. En el mismo año, la revista virtual española DOWN 21 escribió una nota acerca de nuestro trabajo, y en diciembre de ese año el profesor Jesús Florez publicó en la Revista Científica de Síndrome de Down un extenso artículo acerca de nuestra Escuela. En el año 2002 disertamos en el 7° Congreso Mundial sobre Inclusión de Niños con Discapacidad. En mayo de 2003 fuimos invitados a disertar en México sin Barreras y en diciembre del mismo año fuimos invitados al Torneo más importante de ese país, el Abierto Mexicano de Golf, para enseñar a jóvenes mexicanos con discapacidad y además recaudar fondos para entidades altruistas. En 2004 se presentó la escuela en Special Olympics, en el Ministerio de Educación Especial y otras instituciones educativas en EEUU. En el año 2007 se instaló un stand en el Congreso Iberoamericano de Síndrome de Down, su gran repercusión impulsó la apertura de una escuela en Pinamar, provincia de Buenos Aires.

Escuelas con la metodología Heme Aquí

Además de la escuela madre en el campo de Golf del Gobierno de la Ciudad Autónoma de Buenos Aires, esta metodología se ha replicado en Mar del Plata, Tandil, Necochea, Bragado, Monte Hermoso, Berazategui, en el Campo Público de Golf de la Armada Argentina en Villa Adelina (Buenos Aires). En Resistencia, (Chaco). En Mendoza. En Colonia, en Punta del Este (Uruguay). En Santiago de Chile, la Federación Chilena de Golf también ha tomado nuestro programa.

FUNDAMENTOS DE
LA METODOLOGÍA DE HEME AQUÍ

He encontrado el significado de mi vida
ayudando a los demás a encontrar en sus vidas un significado.
Victor Frankl

OBJETIVOS PEDAGÓGICOS
* Enseñanza del golf como deporte.
* Inclusión a través de los torneos integrados de golf entre personas con necesidades especiales y comunes.
* Tavision®: Tacto y Visión para acelerar la comprensión y aprendizaje.
* Activar®: Recreación como parte de la adaptación y coordinación del deporte.
* Nemomúsica®: Música de **Heme Aquí** como parte fundamental del proceso educativo.
* Pargolf®: Ejercicios de coordinación, concentración y postura.
* Alogolf®: El saludo como forma de inclusión social.

OBJETIVOS DEPORTIVOS
* Mejoramiento de la condición física Mejoramiento de la rotación Agilidad mental.
* Sincronía en los movimientos.

OBJETIVOS SOCIALES
* Socipares®: Contacto social. Grupo de pertenencia de los alumnos.
* Socipadres®: Contacto social. Grupo de pertenecia de los padres.
* Etigolf®: Aprendizaje de valores ético-morales.
* Playgolf®: Dramaturgia para relacionarse con los otros

jugadores en los torneos.
* Respaldo Social.
* El deporte como medio de sociabilización.

OBJETIVOS DEL ALUMNO
* Superación en el logro de los objetivos.
* Fortalecimiento de la autoestima.
* Sentimiento de alegría por encontrar un grupo de pares.
* Éxito social.
* Reconocimiento familiar.
* Protagonismo.
* Jugar un deporte muy difícil.
* Desarrollo de nuevas habilidades.

Personal necesario: Director, coordinador general, coordinador de profesores, coordinador de planificaciones, líder deportivo, profesores de golf y líderes deportivo junior.

Heme Aquí ha desarrollado además novedosos y únicos programas para capacitar a sus alumnos.

Programa Líder Deportivo Junior
Los alumnos se forman durante dos años con clases teórico-prácticas que abarcan materias tanto de golf, incluidas sus reglas y etiquetas, como de la interacción entre los alumnos y el líder deportivo, habilidades de comunicación y relación con el otro. Al finalizar reciben el título de Líder Deportivo Junior (LDJ), que los habilita para trabajar en las Escuelas **Heme Aquí**.

Los LDJ, cuya relación es uno cada quince alumnos, son los que desarrollan la metodología Goldfinger; dirigen las coreografías, ejercicios y dictado de las clases, mientras continúan capacitándose.

Además, los LDJ enseñan a los alumnos nuevos o a quienes más les cuesta el aprendizaje.Es un trabajo de autoestima ya que por primera vez ocupan un cargo docente dejando de ser educandos para convertirse educadores.

Programa Universidad Goldfinger

Después de estudiar dos años los alumnos se gradúan como Formadores de Golf en el Método Goldfinger. El objetivo es que realicen este acercamiento al golf en instituciones, escuelas, universidades, empresas para que las personas comunes los conozcan desde sus fortalezas y capacidades para abrir mentes en la sociedad y hacerla más inclusiva.

Programa Encuentro Latinoamericano

Se realiza una vez por año entre todas las escuelas **Heme Aquí.** Durante el encuentro, los alumnos tienen la posibilidad de reunirse con amigos de otras sedes, los padres comparten experiencias y vivencias con otros padres y las familias disfrutan de actividades recreativas como ser la kermesse, el gran baile y por supuesto las actividades de golf como juegos y salida a la cancha. El gran final de esta inolvidable experiencia es la premiación a todos los jóvenes golfistas que han participado, se han esforzado y son ganadores de la vida gracias a **Heme Aquí.**

PEDAGOGÍA DEL MODELO GOLDFINGER

A partir de escuchar las necesidades de las personas con necesidades especiales, de analizar sus formas de conectarse y responderle al mundo es que hemos desarrollado nuestra pedagogía de trabajo. El modelo Goldfinger se basa en cuatro nodos que se potencian mutuamente ya que el avance y la estimulación en cualquier nodo se ve reflejado en el otro.

Nodo Humano

- Ver al hombre como persona bio-psico-espiritual-existencial, comprensible solo desde la trascendencia.
- Ayudar a que la persona pueda valorar las circunstancias actuales traspasando sus límites y encontrar un sentido.
- Descubrir su libertad para transformarla en una respuesta personal ante la vida.

Nodo Social
- Actividades recreativas, lúdicas, sociales, culturales.
- Actividades de inclusión en áreas sociales.
- Actividades inclusivas entre padres e hijos.
- Charlas a los padres.
- Invitados especiales Viajes.

Nodo Deportivo
- Enseñanza específica del golf Gimnasia.
- Ejercicios de inclusión, coordinación y concentración.
- Torneos integrados.
- Observaciones de Torneos con la participación de Maestros del golf.
- Viajes al interior del país para realizar torneos integrados.

Nodo Educativo
- Canciones compuestas especialmente para aprender a jugar golf.
- Trabajo en equipo Diseño de pedagogía educativa.

Escuela de Vida Heme Aquí Golfterapia: La escuela nace como **Heme Aquí,** Escuela de Golf para Personas con Necesidades Especiales, aunque en realidad el modelo desarrollado fue mucho más allá que el de una escuela deportiva donde sólo se enseña el deporte. El golf es un medio, una herramienta para la aplicación del método Goldfinger que toma al ser como una unidad.

Heme Aquí con su visión inclusiva de la persona humana aúna el aspecto físico, espiritual y psicológico en la enseñanza del deporte que termina siendo un método para el desarrollo de la vida misma. Este método se fue complejizando a partir de las inquietudes de los mismos interesados y se elaboró una metodología diseñada especialmente para las personas con necesidades especiales. No nació primero un método y luego se lo adaptó al deporte y a las personas con necesidades especiales, sino que a partir de conocerlas, a partir de saber cómo funcionan sus vidas, sus familias, sus inquietudes y deseos es que se gestó una metodología con una visión universal. ¿Por qué universal? Porque está pensada para la persona humana que desde sus fundamentos es única.

El método Goldfinger se aplica en la etapa inmediatamente anterior a la enseñanza específica de cualquier deporte. Su metodología fue creada para que el aprendizaje perdure, para que el joven se encuentre y reencuentre con sus pares, para que descubra sus propias potencialidades y logros, para que comparta sus inquietudes con otro que es él mismo, traducido en el próximo, que es mi prójimo.

Este modelo es exigente pero comprometido, está pensado para la universalidad de la persona humana y atiende cada una de sus facetas. ¿Por qué aplicarlo? Porque provoca cambios rápidamente; porque se ha probado; porque los alumnos y sus familias convalidan los cambios, la pertenencia al grupo, el crecimiento de la autoestima. Citando a Alfred Längle: Es un modelo para lograr tocar a la vida misma.

TAVISION®

La enseñanza del golf, para las personas con retraso mental leve y moderado tiene que atender a la particularidad, dada las diferencias entre los mismos jóvenes, y trabajar con la concreción de los conceptos.

Una cancha de golf ocupa muchas hectáreas de terreno, es imposible abarcarla con una simple mirada, para alcanzar su totalidad hay que recorrerla; la propuesta entonces, es enseñar la cancha por partes utilizando el tacto y la visión.

Se utiliza el tacto como medio para que el alumno entre en *contacto*, sienta, comprenda y asimile cada una de las diferencias que se le presentan.

Se recorre un hoyo y se va mostrando cada una de las partes y su nombre: tee de salida, las bochas que indican las salidas, el camino o fairway, hacia dónde va a ir la pelota una vez efectuado el golpe, se toca el pasto y se pregunta si es alto o bajo, si es suave; se muestran los árboles, plantas, cielo, agua, arena y se llega al green, se ve su forma, se toca el pasto se preguntan las diferencias con el del fairway, (cada uno es distinto y en especial en el green, se utilizan variedades específicas); se muestra la bandera, el hoyo, se lo mide si es grande, chico, se explica que allí tiene que entrar la pelota.

A medida que se camina se van repitiendo los nombres de lo ya aprendido, se juega con la velocidad de repetición, quien lo nombra primero, quien se acuerda de más elementos, quien recuerda su significado.

Todos los elementos que se observan en la cancha de golf están incorporados a ella y juegan como adversarios. Hay reglas específicas para cada situación, por eso es importante conocer todos los elementos que están involucrados para trabajar luego sobre las reglas. Esta actividad hay que repetirla una y otra vez por la dificultad de los nombres, muchos en inglés, y además por la cantidad.

Es aconsejable realizar las actividades al aire libre. En el caso que el día esté lluvioso o muy frío se puede trabajar adentro con revistas o relatos preparados especialmente que muestran las partes que les queremos enseñar del hoyo, o de la cancha.

En cuanto a los palos está la familia de las maderas y la familia de los hierros, a su vez cada uno tiene una performance diferente, se utilizan para distintos golpes y en distintas situaciones. Hacemos que toquen los palos para observar sus diferencias; que sientan y palpen las caras, vean los tamaños, la textura, sus aberturas, de qué material están hechas; que midan las varas, cuál es más alta, la más baja y le sumen lo que aprendieron antes de las caras; se les explica luego el tipo de tiro que pueden hacer con cada uno de los palos. Luego de enseñar la familia de las maderas y la familia de los hierros se trabaja con cada palo en particular; pero esta fase de diferenciación se hace cuando se trabaja con los tiros para que vean la distancia que alcanza cada palo y la velocidad que hay que darle.

Otra de las técnicas utilizadas es tratar que el alumno incorpore lo que se pretende enseñar haciéndoselo sentir en su cuerpo: un movimiento, como girar la cintura, como levantar el palo… les marcamos en el piso las posiciones, les indicamos relaciones, ritmos para que puedan visualizar y sentir lo que se trata de transmitir.

Conceptos Matemáticos: El golf por su dinámica propia, (recordemos que se juega en forma lenta) permite visualizar conceptos de matemática y de física.

Cuando voy a efectuar un tiro veo donde está la pelota, si estoy lejos o cerca del hoyo, observo la distancia, veo lo lejos y veo lo cerca. De modo que puedo concretar estas medidas en el espacio e incorporar y comprender mejor estas nociones que voy interrelacionando durante todo el juego, como por ejemplo: la pelota está más cerca del lago pero más lejos del hoyo y voy a tener que hacer un tiro con más potencia o más suave…

Trabajo además con las nociones de suma y resta. Por ejemplo, para efectuar determinado golpe elijo el palo que más lejos tira pero es el que tiene el número más bajo. Por ejemplo, si estoy a 170 yardas del hoyo, tengo que tirar lejos, y el palo es una madera 3, o sea que a menor número de palo más lejos puedo tirar. En cambio si la pelota está a 80 yardas del hoyo, el palo que utilizo es de una numeración mayor, por ejemplo un hierro 9, para el tiro corto que debo ejecutar.

Cada vez que voy a efectuar un golpe debo considerar la dirección: a la derecha del green, a la izquierda del hoyo, al centro del fairway… en consecuencia mi stand, como me paro frente a la pelota, está relacionado con la dirección hacia donde dirijo mi golpe, más a la derecha, menos a la izquierda. Además de la velocidad que le imprimo al golpe de acuerdo al tiro que necesito realizar. Entonces para dar un golpe, debo elegir el palo de acuerdo a la distancia, pararme según la dirección y calcular la fuerza y la velocidad que debo imprimirle. Sin notarlo, el alumno trabaja conceptos de matemáticas, de física y además debe hacer sumas algebraicas, todo antes de la ejecución del tiro.

El golf permite a las personas con necesidades especiales asimilar estos conceptos que son de difícil comprensión teórica, a través de la práctica de este deporte porque además de trabajar los conceptos arriba mencionados me da el tiempo para pensarlos, visualizarlos e incorporarlos. En la escuela se ejercitan estos conceptos con los ejercicios de concentración y de coordinación. Por ejemplo, cuando decimos derecha, la mayoría son diestros, es la mano con la cual escribmos. Trabajamos con el pasaje de la pelota de la mano derecha a la izquierda y luego se la paso al compañero que está a mi izquierda. El pie derecho adelante, la mano derecha arriba y así distintas consignas cuando se trabaja con la dirección.

ACTIVAR®

Nos referiremos ahora a los materiales de recreación que se trabajan en la escuela como parte del proceso educativo.

Materiales Didácticos para los alumnos:
A los alumnos se les entrega material didáctico para que ellos puedan ir armando su propio libro de golf con reglas elementales, adaptadas a sus capacidades, éticas del golf, distancia y alcance de los palos, elementos del golf, elementos de la cancha de golf. También se trabaja con figuras e ilustraciones para que fijen los conocimientos a través de preguntas y dibujos.

Cuando comienza el año se les entrega calendarios diseñados para que marquen en ellos los días que van a la escuela, los cumpleaños, los torneos, las faltas… El propósito es no solo mantener al joven conectado con el grupo durante la semana, sino que mediante una estimulación visual (las marcas, los colores) tenga presente su participación y desempeño en la escuela y sus progresos en el golf.

Los papás, por su parte, reciben material de lectura (novedades médicas, laborales, legislativas, educativas, sexuales, sociales) que contribuyen a la formación, contención, desarrollo, e inclusión de los jóvenes. Se trabaja con padres y alumnos en el armado de trabajos relacionados al deporte, con historias y juegos para enseñar y afianzar los conocimientos.

Capacitación Para Líderes Deportivos.
Material Didáctico:
El golf tiene muchos elementos para aprender y recordar, por ello se han desarrollado materiales para hacer más fácil su enseñanza. Uno de ellos es un cuento de golf.

Se prepara un póster con fotos imitando una cancha con

agua, bunker, club house, árboles, etcétera, y se distribuyen entre los alumnos los elementos que se incluyen en el relato, previamente cortados y pegados en cartulina. El líder deportivo comienza a leer y ellos pasan y pegan el elemento donde corresponde, después de mostrárselo a los demás.

Es interesante leer el cuento con distintos ritmos, más despacio, más rápido, cambiando el orden, o agregando nuevas situaciones para generar atención y concentración.

A continuación se da un ejemplo:

<u>Cuento De Golf</u>

Era una hermosa mañana de febrero. Como el día estaba lindo, pero no hacía taaaaanto calor, a papá se le ocurrió ir a practicar un poco de golf conmigo.

Ni bien llegué a la cancha, empecé a reconocer el lugar y a acordarme de algunas cosas que no veía desde que había terminado la escuelita. ¡Miren! ¡Allá está el green! ¡Qué bien que se veía a lo lejos la banderita roja! Y por allá hay un señor muy concentrado jugando. Parecía que no todos nos tomábamos vacaciones del golf. Aunque en realidad yo tampoco, porque cuando en casa ponía las canciones de la escuelita que tanto me gustaban, bailando frente al espejo casi que podía imaginarme a Tiger Woods guiñándome un ojo.

Tan distraído estaba mirando tanto verde que descuidé por un momento la bolsa de palos que estaba cargando. La verdad que algunos hierros se me cayeron y el drive se me desacomodó un poco, pero los junté enseguida y papá casi que ni cuenta se dio. Parecía muy cómodo caminando por la cancha con los zapatos de golf que tenía hacía tiempo y que sacaba a relucir gracias a mí, cuando me venía a ver a algún torneo; porque la verdad es que hacía rato que no jugaba. Pero a papá le encantaba venir a los torneos conmigo. Aparte de mirarme orgulloso mientras practicaba mi swing y ver volar alto alguna de mis pelotas, tuvo oportunidad de conocer al *Gato* Romero, al *Pato* Cabrera y a Roberto De Vicenzo. Así que con zapatos de golf o sin ellos, ese día estaba muy contento de acompañarme a practicar a la cancha.

Después de practicar en las gateras y estirarnos un poco como nos había enseñado Meli, ¡salimos a la cancha! Ah… papá me preguntó por qué no íbamos cómodos en esos carritos de golf que recorrían toda la cancha. Y le tuve que explicar que una de las partes más lindas del golf es recorrer la cancha caminando, y hacer ejercicio pisando fuerte el suave pasto.

—Además, pá— le dije tratando de convencerlo —tal vez nos encontremos al *Chino* Fernández hoy, ¿te imaginás si me ve paseándome en el carrito todo el tiempo? ¡Va a pensar que soy un vago!

Papá entendió enseguida que éste no era un agotador torneo con una medalla de premio y que podíamos disfrutar mucho más caminando la cancha, así que no hizo muchas más preguntas.

En el hoyo 3 vi cómo un chico de la escuela de Palermo estaba practicando con el putter. En el hoyo 5 vi a otro de mis compañeros con un hierro tratando de llegar al green y… ¡Oh…qué lástima! la pelota cayó en el bunker con hierro y todo, ¡qué lío! Y ahí estaban los chicos de **Heme Aquí**, Martín, Jaz, Daniel, que no podían creer lo que veían.

Cuando llegamos al hoyo 9 grande fue mi sorpresa cuando vi al *Pato* parado al lado de la la bolsa de palos, estudiando cómo meter la pelota en el hoyo con el putter, mientras el *Chino* y el *Gato* caminaban divertidos en el fairway.

—¡Hola Santi, Eduardo, María Elis, Vani!— los saludé cuando los crucé en el hoyo 10. Estaban muy serios escuchando al maestro Roberto De Vicenzo que les explicaba para qué sirve un hierro 8.

A lo lejos me pareció ver a Nora con un grupo de chicos haciendo gimnasia. ¿Ya habían empezado y no me avisaron? No, estaba viendo mal.

La verdad que la pasamos muy bien ese día en el golf. Cuando terminamos de jugar, estábamos bastante cansados: yo por la falta de práctica y papá... y, bueno, el hacía años que no jugaba, jajaja... Así que nos fuimos al club house a tomar algo, todavía con las imágenes de las pelotitas volando en nuestras cabezas. ¡Ahora sí! Estaba listo para terminar mis vacaciones y con todas las pilas para empezar un nuevo año. Se me venían todas las ganas de ver a los chicos y contarles qué había estado haciendo en estos meses. También quería saber cómo la habían

pasado ellos, si habían practicado golf, si habían tomado sol si...
Todas estas cosas pasaban por mi mente, cuando papá
interrumpió con una pregunta, una de esas preguntas algo
molestas que en realidad no alcanza palabra para poder
responderla: —¿En qué estás pensando, hijo?— me preguntó.
¡Uy! Cómo le respondía eso. Estaba pensando en palos,
banderas, pelotas, maderas, hierros, bolsas, hoyos, verde, mucho
verde, swing, canciones, risas, amigos, ejercicios, bunker, green...
pero parecía muy desordenado que le contestara todo eso, así
que me limité a decirle: —Pienso, papá, en que ya estoy listo y
con muchas ganas de volver este año a la escuela.

Papá sonrió y me pasó la mano por la cabeza,
despeinándome un poco. Y adentro de mi cabecita una música
insistente comenzó a sonar: "Heme Aquí, hoy acá"... Y me
encantaría poder tener un final para esta historia, pero les
cuento que este es el principio; el principio de la historia de golf
que vamos a compartir juntos este año en **Heme Aquí**.

También se trabaja con revistas de golf mostrando a los
jóvenes los elementos, como por ejemplo palos y que ellos
contesten cuál es, cuál es el tiro, o que muestren cómo hay que
tomarlo. También hay que mostrar fotos de los maestros, que
aparecen en las revistas y sobre todo de los que ellos conocen.
Hay que explicarles en qué canal de televisión pueden ver
torneos de golf para que se familiaricen con los jugadores. En
los diarios salen fotos y noticias de los jugadores por lo que es
importante contarles si hay torneos, en qué país, dónde se están
jugando, en qué provincia. Aprovechar para hablar de las
provincias que conocen los alumnos, cuáles visitaron, a dónde
fueron de vacaciones como forma de integrar conocimientos.

Conociendo los palos: El drive es el primer palo que
utilizamos, cuando estamos en el tee de salida, se utiliza para
realizar tiros muy largos. La pelota debe estar al taco de mi pie
izquierdo. Las maderas 3, 4 y 5 se utilizan para tirar desde el
fairway sin tee, tiros largos. Además están los hierros que nos
sirven para tener un mayor control en el golpe. Los hierros 4, 5
y 6 se utilizan para hacer tiros largos y a veces resultan más
fáciles que las maderas. La pelota se pone más hacia el centro de
los dos pies. Los hierros 7 y 8 se usan cuando estamos cerca del

green, 80 - 100 yardas aproximadamente. Con ellos pego con mucha precisión. Me paro más cerca de la pelota y la coloco en el centro de los pies. Al hierro 9 lo uso cuando estoy más cerca del green, 50 yardas aproximadamente. Es un tiro de precisión y con él trato de llegar al green. El pitch lo usamos cuando el green está a un pasito. Estamos en los alrededores del green. La pelota debe estar al pie derecho y debo hacer un swing completo. El pitch me exige mucho control y precisión para poner la pelota en el green. Al sand lo usamos para sacar del bunker. Apoyo mis pies bien firmes en la arena pero ¡Ojo!, que no puedo apoyar el palo en la arena. Calculo pegar a la pelota un poquito antes de donde está apoyada, luego hago un swing completo y pego a la arena que se lleva la pelota con arena y todo. El putter es para usarlo en el green. Debo dejar la cabeza y los pies quietos y solo muevo los brazos como un péndulo. Debo llevar el palo en forma igual para atrás y para adelante.

Para un mejor aprendizaje hablamos de la familia de las maderas: Drive, es el palo más largo, luego maderas 3, 4, 5. Menor número, vara más larga. A medida que el número es más alto la cara del palo es más chica.

Familia de hierros: 4, 5, 6. Varas más cortas que las maderas, pero otra vez, palo 4 es más corto que el 5 y así sucesivamente. A medida que van subiendo en la numeración, la cara del palo se va recostando sobre el pasto. 7, 8: varas más cortas, caras más anchas y más recostadas. 9: vara corta y cara ancha. Sand: vara corta cara ancha y bien recostada. Pitch: vara más cortita y cara bien recostadas. Putter: se usa en el green.

Para recordar tantos palos aconsejo hacer una relación con la familia. Podemos decir que de la familia de las maderas: el Drive es el papá, la madera 3 es la mamá y los hijos son 4 y 5. De la familia de hierros: 4 es el papá, 5 la mamá y el resto son los hijos.

Capacitación para Profesores de Golf.
Materiales Didácticos: La enseñanza debe ser concreta. Cuando se juega en el green es muy importante saber en qué dirección apunto para llegar al hoyo. Para ello se utiliza goma

Eva y se dibuja una flecha ancha y una línea punteada en el medio para indicar la dirección hacia el hoyo. Se recorta la flecha y se la coloca en el green en dirección al hoyo. De esta manera ellos pueden ver la dirección.

Material didáctico para padres: Instrucciones para padres que acompañan a alumnos a la cancha de golf.

1. Cada alumno debe llegar al tee de salida con el tee, la pelota y el palo.
2. Debe marcar la pelota con la que va a jugar.
3. Debe caminar rápido y jugar despacio.
4. Antes de salir indicarles el número de hoyo y dónde está el green que van a jugar.
5. Hacerles conocer cuántos golpes hicieron en cada hoyo.
6. No hacer más de dos swing de práctica antes de golpear la pelota.
7. No se debe hablar ni moverse cuando un jugador está por tirar.
8. No pueden apoyar el palo en el bunker. Pueden practicar pero sin apoyar el palo. Es ungolpe de multa.
9. Si la pelota cae fuera de límite es un golpe de multa y se debe jugar otra desde el mismo lugar desde donde se jugó esa (aunque se encuentre la otra).
10. Si la pelota cae al agua y es declarada injugable se juega una nueva con un golpe de multa desde donde entró la anterior al agua.
11. Pelota perdida: se busca durante 5 minutos, si no se encuentra, se juega otra. Tiene un golpe de multa.
12. En el green deben marcar la pelota, con el marcador, si la misma está en la línea de otro jugador. Finalizado el juego salir enseguida del green.
13. Firmar la tarjeta al final del juego.

NEMOMÚSICA®

¿Por qué Música? ¿Cómo se comunica el hombre con el mundo? ¿Qué elementos utiliza? ¿Quién lo entiende? ¿Quién lo comprende? ¿Cómo se habla a sí mismo? ¿Qué medios utiliza para expresarse? ¿Hay un lenguaje común? Éstas y muchas otras preguntas surgieron cuando pensamos en cómo comunicar, de una manera eficiente, a las personas con necesidades especiales el complejo mundo del golf.

Pensamos en cómo se comunica el hombre y pensamos en el lenguaje, en la palabra. Pero no nos alcanzaba. Pensamos en la pintura como medio de expresión pero nos dimos cuenta que iba a ser difícil coordinar tanto color. Pensamos entonces en la música. A mi familia y a mí siempre nos gustó bailar. Bailamos tap, jazz, cumbia, tango, merengue... de una manera muy natural, elegimos la música como vehículo de comunicación. Y pensamos también que utilizando el cuerpo podíamos obtener excelentes resultados en la enseñanza del golf.

Durante siglos la música ha sido el medio de expresión de brujos, caciques, reyes, para descubrir las incógnitas del mundo y atrapar sus respuestas. En la corte del rey David le atribuyeron poderes curativos, después los griegos pensaron en ella como sedante, relajante y curativa. En los tiempos modernos el hombre pudo expresar sus sentimientos a través de ella y con ella. El cuerpo que resume además mente y espíritu comienza a ser un medio de comunicación. Con la música se logra estimular, educar y provocar cambios y respuestas en personas con necesidades especiales, pero para transmitir todas las ideas había que usar la palabra... cantada. Unimos la voz, con el cuerpo y la música y encontramos un vehículo perfecto de transmisión de conocimiento; escribimos entonces las canciones que utilizamos en **Heme Aquí**, para la enseñanza del golf.

Las personas con síndrome de Down son grandes amantes de la música. Viven escuchándola, bailando, cantando. Necesitan escucharla a todo volumen, como si la quisieran meter dentro de ellos. Aprenden rápidamente las canciones que le gustan y la escuchan una y otra vez. Los alumnos que participan de la escuela **Heme Aquí** son ágiles y rápidos para aprender los bailes y sus coreografías. Basta verlos cuando concurren a los bailes para darse cuenta de cuánto significa para ellos la música como medio de expresión interior. Y éste es otro tópico interesante a desarrollar: su capacidad de expresión.

En general las personas con síndrome de Down tienen dificultades en el habla, les cuesta pronunciar, a veces no hablan o hablan poco, pero de lo que no cabe duda es que comprenden mucho más de lo que pueden decir y es ahí donde la música juega un papel importante. Ellos pueden expresarse con movimientos de su cuerpo, manifestando alegría, disfrutando el momento, mostrándonos sus conocimientos, interpretando situaciones, afirmando su yo en el mundo real.

Respecto de los jóvenes que no tienen diagnóstico, también esta manera de trabajar ha logrado muy buenos resultados porque los ayuda a coordinar, a comprender mejor las consignas.

Leandro, por ejemplo, no tenía una conciencia clara de la organización de su cuerpo, a medida que aprendía las canciones y sus coreografías fue armonizando más su cuerpo y mejorando notablemente su coordinación. Nos contaba su mamá que venía más contento al golf que a sus otras actividades y observamos mucho placer y empeño en seguir los pasos y los ejercicios. Su progreso fue lento pero sostenido y por supuesto que avanzó mucho en su forma de agarrar el palo, su postura, su práctica de swing.

La música en el aprendizaje: La particularidad del golf es la cantidad de elementos que están involucrados en su ejecución, además de los que se necesitan para jugarlo. A diferencia de otros deportes en donde solo se emplea una pelota o una raqueta y una pelota; en el golf se utiliza un guante, una pelota, 14 palos, una bolsa para llevarlos; una toalla, zapatos especiales, tee, marcadores, arregla piques… En otros deportes se cuenta con una pileta de natación, una cancha de tenis, o una de fútbol que en general poseen las mismas dimensiones y formatos. En el golf cada cancha es diferente, con distintos recorridos, con obstáculos que al estar ubicados de distinta manera, hacen difícil su comprensión e incorporación. Las reglas de este deporte así como las notas sobre la etiqueta que rige en el desarrollo del juego son numerosas, complicadas y de difícil comprensión.

Desarrollamos la metodología de enseñanza a través de canciones que han sido escritas especialmente. De hecho, los adolescentes están siempre escuchando música por lo que es un medio muy conveniente que les permite:

- Aprender de una manera amena y rápida
- Escucharlas en cualquier momento y lugar
- Mantener el contacto semanal con la escuela
- Generar un sentido de pertenencia al identificarse con el himno
- Introducir de manera ágil las etiquetas del golf
- Adquirir los lineamientos principales y la conducta ética y moral para conducirse dentro de una cancha
- Ser utilizada como medio de presentación en actividades sociales y culturales

Cada canción tiene una coreografía especifica.

Heme aquí: lleva el nombre de la escuela, habla sobre lo bueno que es estar juntos, reunidos para jugar al golf, de lo divertido que va a ser su aprendizaje y los invita a participar de este deporte. La música pretende ser un himno alegre y pegadizo a la vez. La letra dice, además, que no estoy solo, que voy a estar con pares, con amigos, con los que voy a generar un nuevo grupo de pertenencia con el que voy a compartir mis esfuerzos y mis logros. Esta canción es la presentación de la escuela en cualquier evento y con ella se inician las clases.

Gym para Golf: su objetivo es preparar los cuerpos para jugar al golf. Con ella se va trabajando parte por parte del cuerpo, brazos, cintura, piernas, pies, cabeza. Con música de gym la letra va anticipando la parte que se va a trabajar y luego pregunta "¿qué vamos a mover?" y los chicos responden. Después de hacer toda la secuencia, finaliza diciendo que ahora sí estamos listos para jugar al golf.

Queda en claro que ésta no es una gimnasia cualquiera sino que el objetivo es educarlos para que no comiencen a jugar sin calentar previamente el cuerpo. Como ellos participan además de haciendo gimnasia, respondiendo las consignas, se logra una mayor concentración y atención.

<u>Jugar al Golf es Diversión</u>: Se emplea para enseñar los tipos de palos y el tiro que se realiza con cada uno de ellos. La coreografía de este rap es muy exigente en cuanto a la ejecución, coordinación y atención ya que los alumnos van pasando alternadamente para mostrar el palo, la forma de tomarlo y la ejecución del golpe. Ellos tienen un espacio en la canción en el que deben repetir qué tipo de tiro se ejecuta con cada palo. Es además una reafirmación que lo lúdico está presente en la enseñanza de este deporte.

<u>El swing del swing</u>: con ese ritmo, precisamente, para introducir el tema, se enseña que para que el golpe salga bien hay que hacerlo con ritmo, no con fuerza; como hay que pararse (stance) para tomar el palo, cual es la correcta posición, como poner las manos en el palo (greep), como colocar las piernas y los pies, como hacer el giro hacia atrás (dowswing), como pegarle a la pelota y como seguirla con todo el cuerpo mientras los brazos la acompañan en su vuelo al hoyo, "… y así acercarse al hoyo aún más".

<u>Los malos</u>: Con una música tenebrosa les decimos a los malos (obstáculos) que "no han sido invitados". Describe como es un hoyo: el tee de salida, es decir desde dónde y cómo voy a colocar la pelota para el tiro inicial (sobre un tee, que es como un conito chiquitito de plástico o madera para que esté levantada del suelo y hacer el primer tiro) y luego de explicar que hay un camino bordeado de plantas y árboles que se llama fairway, presenta "los malos": bunker, lagos de arena, el agua, fuera de límites; explica cómo deben manejarse si

caen en el bunker (no apoyar el palo), cuenta las multas que se cobran si se cae en ellos y cómo resolver estas situaciones. Y por fin llega al green, que es donde está el hoyo y qué hay que hacer: marcar la pelota, limpiarla, mirar la línea, sacar la bandera y, por supuesto, que la pelota caiga en el hoyo.

El golf es un juego de ética y reglas muy estricto y con esta canción lo marcamos muy fuertemente, les decimos que anoten de acuerdo a los golpes que tiraron (no olvidar que no hay un juez al lado y uno debe ser el responsable), que se apeguen a las reglas (es decir que cuenten los golpes de multa también) y que con ellas venceremos a los obstáculos. De una manera divertida los alumnos van incorporando que el juego está reglado, que la cancha tiene dificultades y que, como la vida, si uno no sabe sortearlas tiene una multa.

<u>Handicap</u>: ventaja comparativa que otorga este deporte a los jugadores de acuerdo a su nivel de juego. Se pretende que tengan una idea de su significado, sin explicar cómo obtenerlo, cuándo se baja o se sube el handicap, sino cuántos golpes de ventajas sobre un hoyo tengo, cómo los cuento y cuál es mi beneficio. Al hablar de handicap les decimos que el golf ofrece esta oportunidad que no todos los deportes lo hacen (y tampoco en la vida tenemos muchas veces esta ventaja). También marcamos que el rival es la cancha, que es a ella a la que le tengo que ganar, esto implica que quien tengo al lado es mi compañero de juego, no mi rival como puede suceder en otros deportes.

<u>Chiquitita, redondita</u>: Es acumulativa ya que aplica conocimientos que se fueron adquiriendo en las otras canciones. Se define, en primer lugar, la pelota de golf (chiquitita, redondita), pero es más bonita cuando la hago volar, la golpeo despacito (hacer un buen swing, canción 4). Se refiere luego a la elección de los palos, para llegar al green, (canción 3). Dice que no la pierdas, porque si no hay multa, (canción 5). Finalmente recomienda que tengan cuidado, porque un golpe con la pelota

de golf es doloroso. Con una música alegre se describe el hermoso espacio que nos rodea, el cielo azul, y lo bien que nos sentimos cuando dimos un buen golpe y tenemos nuestra recompensa.

<u>Relax</u>: cantamos, con una música suave, que así como preparamos nuestro cuerpo, también preparamos nuestra mente para jugar al golf. Después de las prácticas respiramos hondo, relajados, concentrados, en paz, pero con alegría en el corazón, vamos a disfrutar ir a jugar al golf.

El CD de las canciones, volumen I y volumen II, es el manual de estudio de esta escuela. El alumno lo utiliza para recordar lo aprendido en la clase, lo puede escuchar cuantas veces quiera y donde esté, en su casa, en el coche o en casa de amigos, por tanto es portable, trasladable y manuable. Otra nota importante es que no se pierde el contacto entre el alumno y el profesor, no hay que esperar una semana para seguir con la lección sino que con el CD, los conocimientos se van afianzando y el joven llega a la clase más motivado, con los conocimientos más fijados y no hay necesidad de retomar en el punto que se dejó sino que es un continuo avance.

Hemos comprobado en la práctica los excelentes resultados de utilizar la música como elemento de estudio; son los alumnos parte activa en este proceso educativo. Con la música, los alumnos convalidan su compromiso de sortear los obstáculos con los que vinieron al mundo. Y como dice la canción: "¡Los Venceremos!"

Himno Heme Aquí

Letra y Música: Evelyn Goldfinger- Arreglos: Alberto Berbara Contenido Pedagógico: Nora Lelczuk

Heme aquí, hoy acá
vamos todos juntos ya.
¡Vamos…! a jugar al golf
Comencemos este día jugando entre nosotros, Oh, oh, oh…
Agarrá un palo y apuntá al green
¡y juguemos mucho golf!
Te vas a divertir
jugando con nosotros, Oh, oh, oh…
Ahora levantate con mucho swing
¡y decile "hola" al green!
Heme aquí, hoy acá
vamos todos juntos ya
¡Vamos…! a jugar al golf.

PARGOLF®

Ejercicios de Coordinación-Concentración: El golf exige mucho tiempo de concentración ya que su ejecución puede durar entre dos y cuatro horas dependiendo el tiempo de juego si el recorrido será de nueve o de dieciocho hoyos. Cada vez que voy a efectuar un golpe debo pensar cuidadosamente qué palo elegir, cuál es la velocidad que debo imprimir, la dirección, mi postura, hacer un correcto swing, y en el momento de tirar estar muy concentrado sin escuchar voces cerca o pasos a mí alrededor para no distraerme y errar el golpe.

Una de las reglas no escritas que conforman la ética de este deporte es detenerme si veo que algún jugador está en posición de tiro, aunque no sea mi compañero de juego; y, por supuesto, no hablar. La Ética del Golf contempla "el respeto por el otro", sea o no mi compañero de juego, aporte que sirve para el desenvolvimiento en la vida diaria, en el estudio, en el trabajo.

¿Qué recursos necesito para hacer esto que llamamos swing? ¿Cuáles son mis necesidades corporales? ¿Qué partes de mi cuerpo están comprometidas?

¿Qué habilidades debo desarrollar? ¿Qué partes del afuera debo considerar?

Con el golf se desarrolla la tonificación muscular, en el momento de ejecutar el golpe, el cuerpo se afirma y arma mostrando una actitud deportiva. También la respiración juega un papel importante; debe ser relajada, profunda, el aire hace un recorrido por todo nuestro cuerpo desde la cabeza hasta los pies para oxigenarnos bien y poder hacer un buen swing. Recuerden que el swing no es fuerza, por lo tanto cuanto más serenos juguemos mejor nos va a salir el golpe. Uno de los puntos más débiles de los deportistas, sobre todo de los amateurs, es la falta de ejercicios previos a la práctica del deporte, la llamada "entrada en calor". En **Heme Aquí** invariablemente cantamos "Gym" para comenzar a ejercitar el cuerpo. Este aprestamiento previo a la práctica específica del golf, produce la vasodilatación de arterias, venas y capilares. Al activar además las funciones cardiovasculares y respiratorias se produce una mayor afluencia de sangre a los músculos y una mayor oxigenación en nuestro cuerpo, lo mejora y protege. Estamos en mejores condiciones, con mayor energía en el metabolismo para practicar este deporte que es netamente aeróbico y previene que los músculos puedan sufrir por la actividad en frío. En la ejecución del swing está en juego todo el cuerpo, pies, piernas, caderas, cintura, brazos, manos, rodillas, cuello, cabeza, por lo tanto exige tener desarrollada una imagen corporal de uno mismo.

A la Escuela llegan jóvenes con escasa o ninguna imagen corporal. A través del ejercicio hemos logrado mejorar muchísimo el desarrollo del esquema corporal. Tal es el caso de Eduardo a quien le era muy difícil entender las consignas del movimiento, o hacer los ejercicios para las piernas o brazos, o cabeza. Ni pensar en lograr hacer un swing. No podía tomar correctamente el palo ni hacer un movimiento que tuviera que ver con él. Sin embargo a través del trabajo de dos años, Edu adquirió una mejor postura, mayor conciencia de su esquema corporal y pudo seguir los ejercicios con más precisión.

Otro aspecto muy importante que desarrolla el golf es la ubicación témporo-espacial. El campo de golf es muy extenso. Primero hay que ubicarse mental y físicamente en el lugar, luego hoyo a hoyo debemos observar hacia dónde nos dirigimos, dónde están los obstáculos, dónde los árboles, los límites y además, cada vez que voy a tirar debo ubicarme en el lugar y decidir en la inmensidad de la cancha hacia dónde voy a dirigir mi tiro. El aderezo en este deporte son las grandes distancias que hay que recorrer por un lado y los obstáculos que hay que evitar por el otro. Debo ubicarme, en primer lugar, en este espacio pero también tengo que situar a la pelotita. ¿Se imaginan esa pelotita tan pequeña en esa inmensidad? Entonces debo establecer una triple relación: espacio-cuerpo, espacio-pelota de golf, cuerpo-pelota de golf. Ubico en el espacio mi cuerpo, ubico la pelota en el espacio y a qué lugar de ese espacio que me rodea debo dirigirla y luego tengo que conectarme con ella para que el palo, que es la extensión de mis brazos, la dirija al objetivo. Todas estas relaciones con el espacio debo realizarlas con un tiempo interno y uno externo. El interno es el que necesito para prepararme para pegar a la pelota; el tiempo externo lo dan los demás jugadores de la cancha. No debo retrasar mi juego porque eso implica retrasar el juego del resto. Debo conjugar mis necesidades con las de los otros. Esta relación temporal se conjuga con la Ética del Golf que dice que debo ceder el paso a los jugadores que están detrás de mí, si es que me he atrasado en el juego. La lateralidad está presente permanentemente. Al enfrentarme a la pelota estoy parándome o apuntando hacia la derecha, izquierda o centro. En el swing, giro hacia la derecha mis hombros, cintura, brazo, para luego de golpear la pelota girar hacia la izquierda. En cuanto a la coordinación visomotora se destaca el desarrollo logrado en la motricidad fina en la forma de tomar los palos, en la posición de las manos, de los dedos. Es interesante ver cómo estos jóvenes salvan las diferencias que traen desde lo físico con sus habilidades para superar estas dificultades y tomar bien el palo. En cuanto a la motricidad gruesa, se trabaja con excelentes resultados en la rotación, que forma parte de las primeras medidas en las rehabilitaciones en fisioterapia, de la cintura, cabeza, hombros, muñecas, manos.

En nuestro modelo de práctica damos consignas claras acerca de la necesidad de concentrarse y hacemos ejercicios relacionados con ellas. Podemos hablar y caminar distendidos, pero al momento de jugar debemos estar concentrados. No estamos hablando aquí de torneos jugados por los maestros del golf en los grandes campeonatos. Pero tuve oportunidad de ver departir en el green al *Gato* Romero y al *Pato* Cabrera alentándose y festejándose un putter bien dado.

¿Por qué debe hacerse en el golf un swing de práctica mientras en los otros deportes se juega directamente? Porque en la bolsa hay muchos palos y cada uno es para un tiro distinto, además de la distancia que tengo para llegar al hoyo, la pelota puede caer en el pasto alto o corto, en la arena, bajo un árbol... Es probable, entonces, que luego de cada tiro deba elegir otro palo que parezca adecuado para hacer el golpe que intento realizar. Muchos, luego de hacer el swing de práctica se paran rápidamente frente a la pelota y tiran; seguramente les falta la concentración y la ubicación adecuada. Debo tomarme mi tiempo para pararme frente a la pelota, mirar mi objetivo, dónde voy a tirar y concentrarme, tener en mi mente ese tiro y recién después pegar. Por eso la importancia de los ejercicios de concentración y las consignas que les trasmitimos a los alumnos mientras se preparan para pegar el tiro.

La coordinación es importante para hacer un buen swing. El swing es ritmo, movimiento con orden. Swing. En general se piensa que con cuanta más fuerza tire mejor va a ser el golpe. Falso. La potencia es consecuencia de realizar bien el swing; es la coordinación de brazos, piernas, caderas, cabeza en el momento de golpear la pelota... y a todo esto le tengo que agregar la concentración; que nada me distraiga: ni voces, ni movimientos, ni pensar en otra cosa que no sea el golpe.

Para que las personas con necesidades especiales comprendan, hay que hablarles de la suavidad de un beso, o de una caricia, o tocar a la persona querida, que lo importante es todo el movimiento, hacerlo con sincronía y le incluimos el ritmo en las consignas. Y así van comprendiendo que el mejor golpe es el dado con swing. Y para lograr una mayor coordinación es que trabajamos con ejercicios que a su vez sirven para ejercitar más las partes del cuerpo que se necesitan para jugar al golf.

Hablamos de flexibilidad, rotación, respiración, coordinación, concentración, esquema corporal, ubicación temporo-espacial, lateralidad, capacidad viso motora espacial, para tratar de ejecutar un buen golpe. A todo eso hay que sumarle las condiciones climáticas, el afuera, el estado anímico, los pajaritos. Y las ciencias de la vida nos aporta una enseñanza única: trabajar con los desafíos que se nos presentan con cada golpe. No podemos pensar en el último tiro que hicimos porque ya está el próximo golpe, el próximo hoyo, que debo hacerlo lo mejor que puedo. No tengo tiempo para quedarme con el golpe mal pegado, debo seguir siempre adelante como la vida misma.

Estos trabajos de concentración, coordinación, integración, rotación, agilidad mental, socialización, habilidad motriz, conducta grupal, respeto por las reglas, son una preparación para una posterior inserción laboral, o bien, en el caso que el joven ya esté trabajando, un complemento para mejorar su desempeño. Por otra parte, ayuda al cumplimiento en el estudio y logra un fortalecimiento de la conducta social.

La preparación psico-física que los alumnos realizan en la escuela de golf junto a sus pares, permite la incorporación del juego con todas las habilidades necesarias para lograr una más fácil inclusión.

Los alumnos de **Heme Aquí** tienen oportunidad de observar en los torneos a los grandes maestros del golf en acción y eso opera en ellos como un estímulo natural. Después de verlos jugar personalmente los siguen por la televisión o practican con más empeño para emularlos.

ALOGOLF®

Recibimiento: El saludo forma parte de la metodología empleada en la Escuela **Heme Aquí**. Es una de las reglas éticas que acompañan a este deporte.

En el golf es habitual que uno cambie de compañeros y aun cuando salgo con un amigo siempre hay otras dos personas que generalmente no conozco, por lo tanto cuando salgo a jugar, saludo a mis compañeros, digo mi nombre e incluso qué handicap juego.

Ahora bien, ¿por qué pensamos que es importante el saludo? Es muy frecuente que cuando ingresamos a algún lugar no saludemos o sólo lo hagamos con aquellos que conocemos, pero entrar y hacer un saludo general es algo que no se practica mucho. ¿Alguno pensó alguna vez lo importante que es subir a un colectivo y saludar al conductor? ¿Por qué no lo pone en práctica?

Notará, en primer lugar, que lo descoloca y luego que le cambia el gesto. El señor se siente reconocido como persona y no simplemente como ese ser anónimo que nos lleva y nos trae. ¿Por qué necesitamos que nos saluden? ¿A dónde nos conduce y en definitiva a quién le importa el saludo de otra persona que no conocemos? Con el saludo se muestra educación, respeto por el otro, le doy importancia, le digo que lo considero; me da la posibilidad de iniciar un diálogo más fluidamente, es una experiencia sensorial; es social porque saludo a otro pero es individual porque cada uno lo realiza como le place y transmite lo que desea.

El saludo se da en el ámbito del encuentro. Con el saludo estoy mostrando también una intencionalidad, un movimiento que puede ser sólo gestual o hablado. Estoy estableciendo un canal de comunicación. Me expreso, doy movimiento a mi cuerpo en una intencionalidad de dirigirme al otro y provocar una respuesta, conciente o no, que puede ser devuelta o no, pero que en todos los casos provoca una acción y a veces una reacción cuando se responde a mi saludo. Depende del saludo que realice muevo mis manos, o brazos y manos, o la cabeza, o la boca, la lengua, las mejillas, los ojos. Estoy poniendo en movimiento partes de mi estructura ósea y muscular.

El Saludo en Heme Aquí: Con el saludo estamos introduciendo a los alumnos en la escuela, les demostramos que participan y que pertenecen a ella. Además les enseñamos que:

Comienzan las actividades

Es el momento del reencuentro con los compañeros y con los profesores

Se comentan las noticias de la semana

Se le da a cada uno su espacio para poder expresarse

Se motivan cuando escuchan a otros que practicaron golf o fueron a los torneos

Se estrechan los lazos del grupo de pertenencia. No solamente van a hacer un deporte sino que se conectan con más amigos

Notan la presencia o ausencia de los compañeros

Da sentido de comunidad **Heme Aquí**

El cuerpo considerado como el exponente más maravilloso de la creación de D's. Tenemos un solo cuerpo y hay que cuidarlo porque sólo nos podemos manejar con y a través de él. Hay que alimentarlo para que pueda contener al espíritu, pero no llenarlo para que no se transforme en una carga. Cuerpo que nos enorgullece a veces y nos mortifica otras. Cuerpo ensalzado y exaltado en esta sociedad posmoderna donde el culto a él juega parejo a veces como el culto a una deidad. En esta sociedad monoteísta aparecen dioses dirigiendo nuestra vida con cultos propios: Dios Hedonismo, culto placer; Dios Consumismo, culto Dinero; Dios Cuerpo, Culto Modelador.

Cuerpos esbeltos, trabajados, esculpidos cual mármol, con diseños para el gusto del portador pero cuerpos solos, aislados en multitud y festejados en soledad, llenos de nihilismo y sin sentido.

Cuando llega el alumno los docentes lo saludan con un abrazo y un beso; se les comunica con el cuerpo, con gestos lo importante que cada uno de ellos es. Son personas que van a trabajar a la escuela para obtener logros y van a estar con otras personas que serán sus amigos y juntos van a explorar una actividad motivadora.

Es primordial prestar atención a cualquier cambio físico en los alumnos y manifestarlo: Que el alumno/a está lindo/a, que adelgazó, que se hizo algo en el pelo... Igual criterio se emplea con los adultos. El objetivo es hacer sentir a cada uno, desde el momento en que llega a la Escuela que es tomado muy en cuenta y que no es lo mismo su presencia que su ausencia. Así se van fortaleciendo los vínculos afectivos y se establece una relación que va a permitir enseñar desde el afecto y la contención. Y se abren las puertas a una dimensión desconocida donde aparecen historias, actitudes, espacios que exceden lo esperado de una escuela deportiva.

<u>El Abrazo:</u> Cuando saludamos con un abrazo y un beso estamos iniciando un saludo más comprometedor que conjuga la intencionalidad, el gesto, el movimiento e involucra mi cuerpo y mi persona. Reacciono vivencialmente, establezco una relación con el otro y un acompañamiento, un estar con... Cuando saludo sólo con el sonido, o con gestos estoy haciendo una intelectualización, un jugar a... en lugar de un compromiso con... no establezco una verdadera relación, estoy manifestando mi conciencia a través del cuerpo pero no estoy entrando en una relación con un Tú. En el abrazo está incluido el tocar. ¿A quién? Al cuerpo del otro pero a través del cuerpo estoy entrando al otro. Discurrimos mucho acerca del tocar. Tocar al corazón del otro, tocar con nuestras acciones, como llegamos al alma. Es interesante escuchar qué fácil que les resulta a las personas expresar que el tocar al otro se traduce cuando le preparo el café a alguien que está por llegar, con una determinada actitud o con acciones que mueven el espíritu del otro. Pero en esta sociedad tan individualista, donde estoy solo, donde uno se relaciona a través del intelecto y con eso creo que lleno mi espíritu, sigo con mi vacío, sigo en mi mundo sin afectos. Y el tocar los cuerpos cobra una dimensión extraordinaria porque aquí me comprometo con todo mi ser en relación con el otro.

Hoy día existen muchas actividades, workshops, escuelas donde se está empezando a dar verdadera importancia al tocar al otro como reconocimiento del otro. Al decir de Alfred Längle, presidente de la sociedad de Logoterapia de Viena:

¿Qué surge cuando nos acercamos? Ocurre el tocar y ¿qué es tocado cuando nos acercamos? Es nuestra vida la que es tocada, nuestro corazón, ¿y qué ocurre? Surge un movimiento interno. Ese ser tocado es el núcleo de todos los afectos y sentimientos, es la fuente desde donde brota el sentimiento.

Podemos concluir que un sentimiento es el hecho de ser tocado y que aquello que es tocado es la Vida misma. Dicho de otra manera: "todo sentimiento es el resultado de ser tocado".

Algunas personas no saludan a las personas con necesidades especiales, porque "no saben si ellos van a querer ser saludados, o si les va a molestar este abrazo". Mi reflexión es que en la mayoría de los casos, en realidad, son ellos los que no quieren acercarse porque no están seguros de querer tocarlos, establecer contacto o relación con ellos, pero a la vez - y esto es lo más dramático - estas mismas personas han dicho que los jóvenes con síndrome de Down son "taaan cariñosos, taaan afectuosos". Está claro que una cosa es el discurso instalado en la sociedad "son tan lindos, tan cariñosos" y otra muy distinta es cuando tienen que poner el cuerpo y dar un abrazo. Justamente son estos jóvenes quienes tienen, al igual que todos, tanta necesidad de afecto, de establecer una relación con el otro y con la Vida misma, quienes tienen menos posibilidades, como todo en su vida, de recibir este abrazo. En **Heme Aquí** el abrazo es el contacto, es el tocar, es decirle al alumno "estamos juntos, acá están nuestros cuerpos para trabajar, y acá está el afecto, el cariño con que voy a tratar de enseñarles". Es transmitirles confianza. Este abrazo es generador de energía y caudal de afectos. Ellos responden con alegría porque saben que son importantes y sienten el afecto. A veces hay algún alumno que no quiere dar besos. No importa, hay que esperarlo pero siempre hay que intentarlo, cada vez que llega saludarlo y acercarse para darle el beso; si no quiere, esperar hasta la salida y caso contrario hasta la próxima vez. Cuando él/ella se van involucrando más con el golf y van viendo sus logros llega un momento que responden con un beso. Este es el caso de Claudio que no quería saludar y ni hablar de dar un beso, pero tampoco quería tener nada que ver con las mujeres. A medida que fue progresando en el golf, que sintió más su pertenencia a la Escuela, comenzó despacito a aceptar que le dieran un beso primero, y ahora saluda, habla con su profesora, y permite el abrazo. Por supuesto que ante logros determinados como un buen golpe, salta y me abraza. O como María Elis que le gusta taparme los ojos para que adivine quién es la que llegó. O Melisa, que se esconde detrás de un árbol para llamar la atención pero que después salta a abrazarme.

También se saludan entre los amigos. Se abrazan y se besan algunos, otros más tímidos solo saludan con un "buen día", pero todos sin excepción se saludan. Para reforzar esta idea del saludo es que cuando hacemos las rondas de inclusión lo primero que se hace es volver a saludar a todos, esta vez en forma general y los alumnos responden.

SOCIOPARES®

Grupo de pertenencia de los alumnos: En la Escuela **Heme Aquí** se trabaja el eje psico-social-cultural-deportivo. Las actividades sociales tienen como objetivo afirmar el grupo de pertenencia a través de actividades de inclusión. Se festejan los cumpleaños, las fechas patrias, día de la madre, de la familia, de la primavera, navidad, etc. Las reuniones se realizan en un salón de usos múltiples en el club de golf con música, comida, que llevan todos los padres y regalos que prepara una mamá, de manera artesanal, para los alumnos y, según la ocasión, también para los padres. Los cumpleaños se festejan dentro del marco del Club y después cada padre decide si hace alguna otra reunión en su casa. En noviembre se iba a festejar el cumpleaños de cuatro alumnos. La mamá de Lucho, uno de ellos, propuso festejarlo en un bowling, las otras madres aceptaron y los jóvenes se divirtieron, comieron, bailaron y por supuesto jugaron al bowling. Los papás participaron de la alegría de sus hijos. Si bien Lucho concurre a otras actividades, el marco que eligió y brindó la posibilidad del festejo fueron sus compañeros de la escuela de golf.

Los alumnos se reúnen para ir a bailar o al cine como actividad extra golf. Las salidas culturales se refieren a museos, teatros, actividades inclusivas con jóvenes comunes. También se trabaja la inclusión social haciendo la Rueda de Novedades, donde los alumnos cuentan aquellas cosas personales que quieren compartir, ya sea del colegio, la clase, de otro deporte o actividad que realizan, o actividades que alguno haya realizado en el marco del golf, como torneos que hayan participado o algún viaje, distinciones que obtuvieron en algún torneo. Desde lo deportivo, además de la práctica, asisten a torneos para ver jugar a los profesionales; participan de torneos integrados en distintos campos de golf y viajan anualmente a alguna provincia con el mismo fin. Estos viajes les dan la posibilidad de conocer otros jóvenes y sirven también como reafirmación del grupo de pertenencia.

SOCIOPADRES®

Grupo de pertenencia de los padres: Los padres forman una parte importante de la metodología de **Heme Aquí** y hallan en esta Escuela un grupo de pertenencia. En un lugar abierto, rodeado de verde y al aire libre, encuentran un espacio donde pueden hablar libremente, en forma relajada, de sus inquietudes sin estar acotados por alguna institución o por la mirada de los profesionales. Se sienten felices de haber logrado un espacio que les es propio donde pueden compartir historias comunes y donde se expresan abiertamente teniendo como escuchas a sus pares. Y es ésta otra particularidad de la Escuela **Heme Aquí,** los papás charlan de cualquier tema: política, economía, deportes, cine, y además de sus inquietudes respecto de trabajo, educación, novedades en la salud, sexualidad, de sus hijos con necesidades especiales. Encontraron a otros papás que tienen problemáticas similares unos, diferentes otros, pero todos transitan el camino de la discapacidad intelectual, con preocupaciones del mismo tipo, con dudas acerca del futuro de los jóvenes y en forma distendida comparten lecturas e informaciones, comentan experiencias, aportan datos. Se relacionan con personas que no sólo los comprenden sino que los comprehenden, y se ha ido tejiendo una red social tan rica que ha formado un nuevo grupo de pares. Van al club del golf a encontrarse con amigos y organizan salidas, asados, reuniones. Acompañan a sus hijos a una actividad deportiva y ellos también van a disfrutar. Son los alumnos de **Heme Aquí** quienes les han posibilitado una apertura social a sus familias haciéndolos conocer un mundo nuevo.

Se relacionan con otros papás desde lo positivo, desde el logro de sus hijos en este deporte y lo festejan entonces con alegría. Es en este ambiente donde se logra la trascendencia, donde el otro pasa a formar parte de mi historia; lo incorporo a mi vida por la sintonía de ideas y sentimientos que compartimos.

ETIGOLF®

El Deporte y los Valores: ¿En qué piensa usted cuando habla del deporte? Deporte es una actividad física, psíquica, social, educativa, lúdica, competitiva, que se realiza en un lugar determinado, en parejas, en grupos o de manera individual. Se lo puede practicar como amateur o profesional. Exige entrenamiento, dedicación, cuidado, esfuerzo, ganas, compromiso, honorabilidad, lealtad, honestidad, compañerismo... Todos valores... De modo que podemos decir que el deporte lleva en sí mismo valores. Y... ¿qué tipo de valores? Aquellos que permiten ejercerlo de la manera más correcta, justa, honesta posible. Por ejemplo: cuando opino que alguien es un buen deportista, que sabe comportarse durante el partido, que es correcto, que sabe perder, el valor que está detrás es CONDUCTA. Que es buen compañero, que ayuda, que sostiene al otro, el valor al que me refiero es COMPAÑERISMO. Que reconoce sus errores o faltas cometidas, el valor es HONESTIDAD. Que se entrena, que se ejercita, el valor es ESFUERZO.

Ahora bien, los valores valen independientemente de nosotros, de nuestra actitud, de nuestra forma de obrar. Nos sentimos atraídos por tal o cual valor. Elegimos los valores y nos comportamos en función de ellos. Los valores están en todas las actividades que se realizan, uno elige vivir de acuerdo con ellos para lograr una vida con Sentido. Viktor Frankl los llama "Valores de Actitud". ¿Cuál es la actitud que se asume frente a lo que nos toca vivir para descubrir el sentido del esfuerzo? ¿La depresión por la falta de un logro o el empeño para conseguirlo? ¿El esfuerzo o la liviandad? ¿Una mala conducta frente a la derrota o la dignidad frente al fracaso? Cada una de las actitudes que se llevan a cabo, dentro y fuera del juego, demuestra cuáles son los valores por los que se rigen. Las actitudes derivan de los valores pero a su vez se muestran independientemente de ellos. Los valores valen y son eternos. Lo que puede cambiar es el ejercicio de cada valor en distintos momentos históricos. Y reiteramos, los valores están en el deporte. Pero existe un deporte donde los valores están escritos y son tan importantes como las reglas del mismo.

Comportamiento Ético: El golf lleva entre sus principios el comportamiento ético. Cómo uno debe comportarse desde que ingresa al club de golf hasta que se retira.

Tan importantes como son las reglas del juego es el comportamiento que se tiene en el desarrollo del mismo. En la cancha de golf debe mantenerse una conducta impecable.

Estas normas están escritas en las llamadas Etiquetas del Golf, si un jugador no las cumple no tiene penalidad desde el juego mismo sino que tiene una sanción moral de parte de los mismos golfistas. Es en este deporte, donde uno se pierde en la cancha cuando lo está practicando, debe mantenerse una absoluta corrección. Por eso hacemos hincapié en que los alumnos conozcan y jueguen de acuerdo con las Etiquetas del Golf. Este comportamiento es una Conducta de Vida aplicable a todos los ámbitos.

Hay momentos para hablar y otros para mantenerse callado. Momentos para caminar y otros para permanecer quieto. Cuando nuestro compañero de juego va a efectuar su golpe, debemos permanecer callados y quietos para no perturbar su juego. Recordemos que se necesita mucha concentración antes de golpear la pelota y un mal golpe significa un punto más en la tarjeta de juego. Se hace referencia aquí a los valores Compañerismo y Comportamiento.

Puede suceder que un juego se retrase en la cancha por una pelota que tarda en encontrarse, o porque se camina en forma lenta, entonces se deja pasar a los jugadores que vienen detrás para que ellos no retrasen su juego. Nadie obliga a ello, pero un buen compañero lo hace. Esta actitud se llama: Valor Cortesía.

En el golf, el jugador es el responsable por la tarjeta de juego donde se anotan los golpes que da en cada hoyo. De cada uno depende anotar en forma correcta el score de la cancha. Ahora bien si hay un torneo es el marcador quien cuenta los golpes y a quien el compañero le cuenta los golpes que da, pero es uno quien debe decir la cantidad de golpes y no provocar malos entendidos. Hablamos de: Valor Honestidad.

Los alumnos de la escuela siempre quieren ganar por lo que se enfatiza mucho la importancia del Disfrutar el juego y Competir. En un Torneo de Maestros en el Jockey Club Argentino, donde los alumnos de la escuela fueron a ver jugar a los grandes del golf, se acercaron a saludar al maestro Vicente *Chino* Fernández y entre swing y charla Vanina le dijo:

—Sabés *Chino*, lo más importante es competir.

Fernández asombrado, le contestó: —¡Qué bueno... Sí! — Y ella después de un corto silencio agregó: —Pero más importante es ganar— El *Chino* soltó una carcajada ante la ocurrencia.

Es fundamental trabajar estos sentimientos porque de lo contrario los jóvenes se ponen mal y terminan un torneo, que deberían disfrutar, con malas caras y llantos. Nos referimos al Valor Conducta del Jugador.

Se trata de inculcar la importancia de la práctica para obtener buenos resultados. Por eso es elemental que los alumnos vean practicar a los maestros y profesionales del golf, la dedicación que ellos tienen por el deporte y además que sin esfuerzo no hay logros. Indicamos aquí: Valores Esfuerzo y Perseverancia.

Arreglar la cancha después de efectuar el tiro, reponer el

pasto, rastrillar el bunker de arena, no dejar botellas tiradas, papeles en el suelo. Es tener: Valor Respeto por el Otro y Valor Respeto al Medio Ambiente. En **Heme Aquí** trabajamos estos valores transmitiéndoselos a los alumnos con dramatizaciones. Se actúan las situaciones y luego cada jugador va diciendo lo que sintió, lo que le molestó, cómo lo vivió. El objetivo de estas dramatizaciones es que incorporen las conductas y valores que están dentro de este deporte en forma clara, ágil, dinámica, que tengan un buen registro de la situación y la puedan aplicar luego, durante el juego y en la vida misma.

PLAYGOLF®

Presentaciones para salidas deportivas y sociales: Cuando alguien conoce a una persona con necesidades especiales, generalmente la primera vez no sabe si hablarles, cómo hablarles, qué decirles, si ellos van a comprender lo que le dicen, si van a poder responder… En **Heme Aquí** se realizan torneos inclusivos en los que necesariamente se produce una interrelación ya que se habla sobre el palo a utilizar, la dirección del golpe o simplemente cualquier comentario que surja. Para evitar estas situaciones, desde la escuela se les da a los alumnos las herramientas necesarias para que sean ellos los que comiencen a hablar y a actuar.

MARCO CONCEPTUAL HEME AQUÍ

*Quien tiene un porqué para vivir
es capaz de soportar casi cualquier cómo.*
Friedrich Niezstche

Para nuestro fundamento antropológico - existencial - psicológico y pedagógico, tomamos la visión de Víctor Frankl, creador de la logoterapia. Este fundamento define el hombre con relación a la intencionalidad en busca de un valor como motivación primera, que estimulará a las motivaciones psico-afectivas a través del deporte del golf. Estas motivaciones, tomando las palabras del Dr. Frankl expresan:

Sí a la vida a pesar de todo

NIVEL PEDAGÓGICO

El estímulo pedagógico por excelencia para este aprendizaje se brinda a través de música, canciones, ejercicios de coordinación, concentración motora espacial; sin perder la actitud lúdica, en un clima de alegría, compañerismo, libre de estrés en un entorno rodeado de verde. Los jóvenes, además de aprender a jugar al golf, se sienten felices y contentos. Las canciones son tan buenas para ellos que las llevan a sus casas y las escuchan para memorizarlas, de esta manera vuelven a incorporar el aprendizaje recibido. En algunas fiestas de cumpleaños los chicos, espontáneamente, ponen la música de Heme Aquí y a modo de juego comienzan a realizar los ejercicios y bailar las canciones.

En cuanto a los ejercicios los mismos jóvenes consideran que son dinámicos, estimulantes y cuando se varían son aceptados a pesar de las dificultades que presentan.

Surgen intereses nuevos como mirar golf por televisión, conocer jugadores, ver revistas de golf y fundamentalmente serprotagonistas junto a sus ídolos a través de diarios y revistas y en notas televisivas.

La actividad se incorpora por medio de una estimulación alegre y divertida sin dejar de lado la disciplina del esfuerzo y del respeto a las consignas. Esto no sólo es aceptado sino que quienes conducen el aprendizaje son valorados, queridos, respetados "como aquellos que me ayudan a crecer".

Se produce un verdadero encuentro pedagógico donde el aprendizaje ya no es incorporar pautas y normas sino un verdadero arte que conduce a una enseñanza que va más allá del golf: Los esfuerzos en la vida se pueden concretar. Por eso ya puedo decir "Heme Aquí".

El grupo responde con un nivel alto en resultdos positivos en el plano de lo vivencial, de lo creativo, lo actitudinal y fundamentalmente en el desarrollo de la capacidad viso motora espacial ya que los alumnos aumentan y se esfuerzan mejorando su concentración, atención y coordinación tanto de la motricidad fina, que se denota en la toma de los distintos palos, en la posición de sus dedos (comparando con un lápiz, ligero para escribir pero firme a la vez para que no se escape); como de la motricidad gruesa, ya que mejoran y alcanzan un buen nivel de movimiento de giro y rotación, coordinación de pies, piernas, cintura, tronco, hombros, brazos, manos, cabeza y marcha. Mediante el ensayo y error han podido trabajar no sólo a nivel de lo concreto, a través de los ejercicios del golf, sino han ido elaborando un aprendizaje donde la comprensión y el razonamiento ayudaron a incorporar las nuevas conductas que el deporte requiere. A nivel vivencial se manifiestan sentimientos de alegría y felicidad por obtener logros del nuevo aprendizaje y por la nueva interrelación con los pares que les permite superar juntos los obstáculos y las dificultades.

En lo actitudinal se observan cambios de conducta asociados a la libertad y a la voluntad de sentido. Se manifiesta especialmente en el ámbito familiar donde se observa una relación mucho más positiva y espontánea ante los vínculos y la reafirmación de las pautas familiares. Por su parte los padres, sorprendidos y entusiasmados ante los logros de sus hijos, generan sentimientos que retroalimentan el grupo familiar.

Aparece aquí la manifestación del asombro y los padres

vivencial y existencialmente pueden contemplar a sus hijos desde otro lugar, en una nueva vivencia profunda del amor. Y en esta contemplación se ven a sí mismos acompañándolos en este proceso de trascendencia. En una palabra la familia puede decir: "¡Qué lindo es vivir!"

NIVEL CREATIVO

En el ámbito creativo pueden lograr un buen aprendizaje más allá de la consigna final ya que ante la propia dificultad que genera un ejercicio apelan a su inventiva para incorporarlo mediante la técnica del juego. Y en esta creatividad se conjuga además esfuerzo, intuición y precisión. La creatividad está en poder alcanzar el logro más allá de la técnica, del ensayo y el error y trascender junto con el deporte y su verdadero sentido. "No lo hago sólo para mí, lo hago para mí y para los otros. Salgo de mí mismo y me encuentro trascendiendo". El joven se siente libre, creativo, y percibe que puede alcanzar el objetivo del juego.

NIVEL ACTITUDINAL

Hablar de lo actitudinal es darnos cuenta de la posición que tomamos ante el mundo. Las actitudes positivas y llenas de sentido se denotan cuando los jóvenes logran un sentimiento de alegría que les permite mostrarse positivamente ante los otros, alcanzan encuentros profundos a través de la amistad, tienen un grupo de pertenencia con el que se identifican a través de su uniforme, sienten que son mirados no ya como jóvenes diferentes sino como jóvenes golfistas que se incluyen y nivelan con otros jóvenes, participan en torneos en los que muestran además de su adaptación, una actitud de superación frente a la vida. El cambio de actitud se logra por medio de un contacto social a través de la comunicación, arribando a lo que Frankl llama "El ámbito del encuentro", donde dos o más personas trascienden en el sentido del amor, cuando juntos tienen además de una razón para vivir, un sentido que los llama día a día para hacerlo concreto, aquí y ahora, en esto que es "simplemente" jugar al golf.

75

TESTIMONIOS

El hombre se autorrealiza en la misma medida
en que se compromete al cumplimiento
del sentido de su vida.
Viktor Frankl

Nora: Cumplo ochenta y tres años, he visto muchos libros, especialmente de golf. Lo cierto es que no ha sido nada fácil poder explicar todo los secretos de este juego. Pero ustedes tienen un sentido especial y van a tener la posibilidad de poder lograrlo.
Roberto De Vicenzo

HEME AQUÍ
Tango
Señora Goldfinger quiero agradecerle porque ésta, su escuela tiene la intención
de alegrar a los niños con este deporte para el corazón.
Ya ve que su esfuerzo va por buen camino se suman los chicos en esta función
y el maestro Roberto y el Chino Fernández le han dado el apoyo, con todo su amor.
Practicando el juego disfrutan los chicos de algo que le ayuda a pensar y actuar
por eso el hacerlo es muy necesario por varias razones que lo hacen jugar.
Tiene este deporte para hacer amigos hermosas sustancias con sólo jugar
por eso esta escuela de chicos hoy logra que varios amigos se puedan juntar.

Dedico esta letra a la creadora de esta Escuela de Golf, para personas con necesidades especiales, unidos por este maravilloso deporte. Con todo mi afecto para la señora Nora Goldfinger.
Manuel Nicolás Sierra de los Padres Golf Club

Testimonios de los padres

Es posible afirmar que los padres han transitado por tres carriles. En uno está el asombro por la práctica de este deporte, el reconocimiento de la metodología y la observación de los resultados obtenidos por sus hijos. En el otro la inclusión, que es altamente valorada; lograda a través de golf con los torneos integrados. El tercer carril se refiere al grupo de pertenencia que sus hijos consiguieron en esta escuela y la importancia que adquirió el golf en sus vidas ya que una gran parte de la vida social de estos chicos está atravesada por las propuestas que se originan por y en la escuela. Los papás por su parte han pasado por una etapa similar a la de sus hijos, se han afirmado como grupo y éste ha pasado a ser su grupo de pertenencia.

La concurrencia del Leandro a la Escuela de Golf Heme Aquí, ha sido un hito en nuestras vidas. Un antes y un después de Heme Aquí. Y digo "nuestras" porque no solo Leandro se ha fortalecido en esa Escuela sino todo su grupo familiar.

Leandro, que concurre a la Escuela de Golf hace dos años, ha mejorado su postura no solo en el juego sino también en su vida cotidiana. Ha logrado mayor definición en los parámetros que hacen al espacio (derecha, izquierda, adelante, atrás, etc.), como también en la coordinación de movimientos como fijar la vista en el hoyo para buscar una dirección mientras al mismo tiempo debe pegarle a la pelota de golf. Esto, sin duda, lo ha aplicado a otras áreas de sus actividades diarias, viéndose la mejoría en todo su hacer cotidiano.

Creo que ha aprendido asimismo a mejorar su conducta y a respetar mejor los tiempos siguiendo las instrucciones de sus profesores y aceptando las observaciones que éstos pudieren hacerle, actitud a la que Leandro le es muy esquiva, ya sea por su hiperactividad, el ser muy ansioso y el dispersarse con facilidad. Sus períodos de atención han mejorado. Se concentra mejor y por más tiempo lo que mejora su rendimiento, que a su vez mejora su autoestima al ver mayores logros en su trabajo lo que lo pone más feliz, siendo esta una cadena que no hace más que beneficiarlo tanto técnica como emocionalmente.

Pero la Escuela de Golf Heme Aquí no ha sido solamente

un lugar para aprender a jugar al golf, tiene el mérito de constituir un ámbito abocado al desarrollo de Leandro como persona. Esto ha implicado una revalorización como persona no sólo por el cariño y el respeto con que siempre ha sido tratado sino también por la preocupación de su Directora de realizar experiencias inclusivas con chicos sin necesidades especiales. Este compartir con ellos ha significado un valioso crecimiento de "ida y vuelta" ya que a mi criterio no ha sido solo Leandro el beneficiado sino además estos chicos, que han visto las posibilidades tanto de Lean como de los demás chicos dejando de lado las diferencias que pudieran separarlos.

El encontrar un grupo de personas que contiene, al que uno se siente pertenecer y en el que encuentra apoyo, es el logro de esta Escuela, que sirve a los padres para enriquecerse frente a nuevas experiencias comunitarias que permiten la inclusión del resto de la familia en las actividades de Leandro. Hermanos, abuelos y todos lo que quieran acercarse tienen la posibilidad de abrir su corazón y su entendimiento al encuentro de las situaciones que enfrenta Leandro ayudando, de esta manera, a comprenderlo y a apoyarlo desde otra óptica: la óptica de Leandro. De esta manera la autoestima de Leandro de ha visto engrandecida al poder mostrar sus logros y así poder aplicar esto en otras actividades: la escuela, la familia, etc.

La escuela de Golf Heme Aquí, ha sido EL LUGAR donde Leandro encontró un espacio para ser y para crecer de la mano del respeto, el amor y la igualdad.

Lic. Laura Cardona de Petrauskas

Sra. Lic. Nora de Goldfinger - Sr. Luis Goldfinger

Los abajo firmante reunidos de común acuerdo, enviamos el presente reconocimiento escrito a la Lic. Sra. Nora Lelczuk de Goldfinger y el Sr. Luis Goldfinger con el propósito de acercarles nuestro más profundo agradecimiento por la obra que realizan con nuestros hijos. Los mencionados Lic. Nora y Sr. Luis en su carácter de directores de la escuela, Heme Aquí, nucleamiento de chicos con Necesidades Especiales, llevan adelante una tarea a todas luces renovadora, en cuanto a la inserción social de nuestros hijos. Los mismos son artífices de la Escuela de Golf para niños con necesidades especiales, única en su género, donde, con el apoyo del GCBA y del Golf Club de la ciudad de Buenos Aires, nuestros hijos se desarrollan en el mencionado deporte con asombrosos resultados.

Apoyados en esos logros, es que nos sentimos especialmente emocionados como padres y atreviéndonos a poner en boca, también de nuestros hijos, los más cálidos saludos a Uds. con una gratitud a flor de piel.

Los saludamos con afectuoso cariño.

Alfredo González y Familia

Creo que ésta es la vigésima vez, en el día de hoy, que escucho el CD. Confieso que la primera vez que lo hice, me desilusioné pensando que Luciano sería incapaz de seguir las directivas que él marca. Luego empecé a ver que Lucho me llama para que vea los movimientos que hace: se para con la posición para golpear la pelota. Se coloca las manos detrás de la cabeza y gira la cintura a ambos lados. De pronto, con cara sonriente me pregunta ¿escuchás? Y me señala con la mano: "chiquitito". Es que la canción habla del nombre de un palo para un tiro corto. Comencé a preguntarle el nombre de los palos y se enoja, saca el CD y dice no sé. Pienso que el sábado no va a saber responder y trato de hablar con Nora para explicarle el inconveniente y saber si podré seguir llevándolo. Trato telefónicamente, de explicar las características de mi hijo y el porqué insistí en llevarlo a Heme Aquí. Nora me escucha y me pide que escriba lo conversado. Le comenté que Luciano es un joven no convencional, su patología es como la de un afásico o un disléxico. Su comprensión es buena, las respuestas están en su cabeza, sólo que no puede verbalizarlas. Su motricidad es muy buena, por lo tanto es un amante del deporte: ciclismo, equitación, natación y golf. Toma esto último con entusiasmo, pregunta durante la semana cuánto falta para el sábado. Es un joven muy sociable y encontró con golf un grupo de referencia ya que por su problemática todo lo que hace es solitario. Tuvo una gran experiencia con la invitación a McDonald's, a compartir con sus amigos el almuerzo. Luciano asiste muy contento a las clases y veo que saluda con mucho afecto a sus compañeros y padres. Deseo que pueda conservar su lugar pues significa un pedacito más de felicidad para él.

Hebe Gonda

El golf mejoró la vida de Charly. Observamos cambios en la concentración, la espera, la ansiedad, el seguir reglas y consignas. Todo esto logrado con placer y con ganas. La motivación es un factor primordial en Charly y el golf con sus pares es muy motivante. Es una alegría y un orgullo formar parte de Heme Aquí.

¡Gracias Nora!

Silvia Guglielmino

Testimonio de Jóvenes luego de haber jugado en Torneos Integrados

La modalidad utilizada fue: primer golpe (drive), uno lo realizaba un alumno y otro un golfista común, se elegía la mejor pelota y el juego continuaba con ella. El primer golpe es importante porque con él se pueden lograr muchos metros. Los cuatro jóvenes iban acompañados de un padre que oficiaba de marcador, que no podía ser de un alumno, para evitar presiones en el juego. La actuación destacada de los alumnos fue motivo de sorpresa para los otros jóvenes quienes festejaban los aciertos de sus compañeros.

Al finalizar el torneo la directora de **Heme Aquí** formuló a los jóvenes comunes tres preguntas abiertas, como guía, a fin de que expresen libremente sus pensamiento para evaluar en qué medida produce cambios jugar con jóvenes con necesidades especiales:

    1. ¿Ya habías jugado antes con los jóvenes de Heme Aquí?

    2. ¿Qué pensás ahora que jugaste?

    3. ¿Te gustaría volver a jugar con ellos? Las respuestas son textuales.

Son muy buenos y más cariñosos que nosotros. Para mí no son tan discapacitados. Cuando los vi pensaba que tenían menos capacidad pero ahora pienso que tienen más. Ojalá que sí.

Federico

Que tienen la misma capacidad de aprendizaje que nosotros y que tienen muy buena conducta en la cancha.

Nacho

Si ya había salido. Son agradables, tienen un gran afecto por el otro. Está excelente lo que aprendieron en el golf en la coordinación. Hace un año me dijeron que podía jugar con ellos. Te divertís.

Matías

Me gusta que se integren con nosotros. Que pueden. Que tienen que seguir.

Juan Manuel

No había conocido antes. Son inteligentes. Tienen buena memoria. Te divertís.

Sebastián

Son iguales a todos. Divinos, simpáticos.

María Pía

Me parece una cosa buena y como aprende un chico que no es igual que yo.

Francisco

Me parece bien que los chicos con discapacidad jueguen al golf y verlos jugar.

Matías

Es divertido ver cómo juegan. No sabía que podían jugar tan bien. Pueden desarrollarse en muchas cosas.

Juan

Bien. Pueden jugar si siguen jugando así pueden jugar re bien. Salí por placer.

Germán

Le ponen las re ganas. No les importa si hacen mucho o poco. Juegan para divertirse. Son muy capaces.

Francisco

Juegan re bien. Tienen mucho futuro.

Matías

Hernán y Florencia Gelay, padres que acompañaron en el juego comentaron:

Están muy estimulados, avanzados, inteligentes. Me sorprendió que recordaran los nombres de todos. Muy linda experiencia. No son discapacitados. Tienen otra inteligencia. Son más cariñosos. No tienen maldad.

Las respuestas recogidas muestran que efectivamente el golf actúa como un "abridor de cabezas" porque da la oportunidad de conocer al otro. Como venimos explicando, uno "comienza a jugar con un discapacitado y termina jugando con una persona". Y esto es lo que observamos en los torneos. Los jóvenes comunes que se anotan para jugar con las personas con necesidades especiales lo hacen porque quieren jugar un rato más pero sin saber bien con qué se van a encontrar. Y es en el juego donde comienzan a conocer las capacidades de aprendizaje, de respeto, de alegría, que ellos tienen; dejan de pensarlos como discapacitados y les dan el valor de persona que siente, vive y ama como ellos. Entonces aparece el asombro ante una situación desconocida, poder aprender y compartir con un otro realidades diferentes a él pero que lo motiva, que lo ayuda a crecer, que le provoca cambios en sus pensamientos, en sus reglas de juego, en sus actitudes y que resulta ampliamente beneficiado como persona que aprende a compartir un momento que le va a traer consecuencias importantes, aunque ahora no se dé cuenta, en su accionar a lo largo de la vida tendiendo a lograr una sociedad más ecuánime.

Se pone de manifiesto la Misión de Heme Aquí utilizando el método Goldfinger: desarrollar las capacidades y crear un marco de pertenencia para jóvenes con necesidades especiales, como ciudadanos y como deportistas, a través del golf, para lograr su inclusión social y así formar una sociedad más equitativa y solidaria.

Los jugadores de **Heme Aquí** actúan con responsabilidad en la concreción de esta Misión. Ellos se esfuerzan en el aprendizaje de este deporte difícil, exigente, con la alegría de poder compartir con un otro sus logros, consiguiendo así que su vida tenga un mayor sentido. Y este joven responsable de realizar valores es lo que Max Scheler llama "valores de situación", que son los que se presentan en una situación dada, en un momento histórico, en un tiempo concreto. Pero esta situación está con una persona concreta, que pone de manifiesto su accionar en relación con un otro en quien puede trascender y de esa manera, volcar toda su intencionalidad para dar un sentido a su vida.

CV de NORA LELCZUK

Formación
Licenciada en Sociología. UBA. (1970)
Profesora Superior de Piano, Teoría y Solfeo. (1968)
Análisis Existencial y Logoterapia en Educación (2005)
Life Coach - Diplomada en coaching con proceso ontológico, reconocido por la International Coach Federation (2019)
Desempeño docente
Universidad de Buenos Aires. Facultad de Filosofía y Letras. Carrera: Sociología. Estadística. Ayudante de primera. (1970-1971)
Universidad de Buenos Aires:Estadística. Ayudante de primera. (1970-1971)
Carrera Ciencias Económicas: Ayudante de primera: Introducción a la Sociología. (1971)
Universidad de Buenos Aires. Departamento de Estadísticas. (1984-1992)
Fundadora y creadora de **Heme Aquí** para personas con necesidades especiales, con educación e integración a través del golf. (1999)
Directora de **Heme Aquí** Argentina, **Heme Aquí** Uruguay y **Heme Aquí** Israel.
Creadora del Método Goldfinger. (2000)
Creadora del programa Líder Deportivo Junior (2012)
Directora y fundadora de la Universidad Goldfinger para personas con necesidades especiales. (2014)
Actividad en medios
Productora del programa para adolescentes Be Iajad, en radio Jai.(1994)
Conductora del micro De Mujer a Mujer, en el programa Nuestro Tiempo, por cable. (1994)
Entrevistadora del programa Tiempo de Paz, por cable. (1995-1997)
Creadora y Coordinadora del espacio reflexivo femenino MUJER. (2001)
Productora y Conductora del programa de radio Nuestro

Interés, por FM Shalom. (1995)

Trabajos de Inclusión para Personas con Necesidades Especiales:

Co-autora del proyecto: Integración, una Forma de Vida, para la Incorporación de Personas con Discapacidad Leve a la Red Escolar Judía. (1995)

Participante de la Comisión de Integración de Personas con Discapacidad, a las Escuelas Comunes. (1995-1997)

Autora del proyecto. Primera Escuela de Golf para Personas con Necesidades Especiales. (1999)

Creadora del programa de Líder Deportivo Junior. (2012)

Creadora de la Universidad Goldfinger para personas con necesidades especiales. (2014)

Creadora del taller para personas con necesidades especiales "Reflexión desde la libertad". (2017)

Publicaciones

Golfsinger by Goldfinger

Canciones pedagógicas para **Heme Aquí. Album Musical Vol I y Vol II.**

Conferencias sobre el Método Goldfinger

VI Congreso Internationale: Isolamiento e Handicap. Universita Catolica del Sacro Cuore. Roma. (1998)

National Sindrome Down Association. Washington. EEUU. (2000)

Primer Congreso Argentino de Discapacidad en Pediatría y Primer Congreso Latinoamericano de Discapacidad en Pediatría. "El Golf como Vehículo Integrador". Buenos Aires, Argentina. (2001)

"**Heme Aquí**, el deporte como factor de inclusión". México sin Barreras. México, DF. (2003)

"El golf y la inclusión" Board of Cesarea Golf. Israel. (2010)

"Metodología Goldfinger" Club Curitibano de Golf, Asociación Síndrome de Down de Curitiba y Universidad de Curitiba. Brasil. (2008)

"Los valores, la ética y la conducta humana en el golf y en la vida". España. (2010)

"El método Goldfinger, herramienta para el grupo de pertenencia". Federación de Golf. Chile. (2010)

"El ser humano mirado como una unidad" Institución La Huerta. Campo de Golf Sheraton Colonia. Uruguay. (2010)

Heme Aquí y el golf como herramienta" Federación Uruguaya de Golf. Uruguay. (2010)

Heme Aquí, historia de vida" Asociación Síndrome de Down y Municipalidad de Maldonado. Uruguay. (2010)

"El método Goldfinger como herramienta para el desarrollo de la persona humana" Club del Lago. Uruguay. (2010)

"El deporte como vehículo de integración". Universidad Católica Argentina. Fundación Río Colorado. Argentina. (2011)

"El sentido como herramienta" IV Congreso de Logoterapia. Argentina. (2011)

"Método Goldfinger, su alcance en la vida de los jóvenes con discapacidad intelectual". Academia de Golf Jean Mc Lean. Miami, EEUU. (2011)

"Pedagogía **Heme Aquí**, la relevancia del grupo de pertenencia". Rotary Club Recoleta. Buenos Aires. (2011)

Heme Aquí, escuela de vida" Academia de Golf Jean Mac Lean. Miami, EEUU. (2012)

"El Método Goldfinger, su pedagogía y su aplicación teórico-práctica". Para los Profesionales de Golf de Argentina. Buenos Aires, Argentina. (2012- 2015) "Golfterapia y la persona humana". Congreso de la World Mental Federation. Buenos Aires, Argentina. (2014)

"La Biblia y la Discapacidad" , Limmud, Miami, EEUU.(2015)

Heme Aquí, el golf y su implicancia práctica". Charlie De Lucca Development Center. Miami, EEUU. (2014- 2015)

"Discapacitados o Personas" Congreso de Logoterapia Buenos Aires, Argentina. (2015)

"Los Jóvenes Fragmentados" Congreso de Salud Mental. Buenos Aires, Argentina. (2015)

"Lo No-Verbal y el Golf", Congreso de Comunicación No-Verbal. Porto, Portugal.(2019)

"La verdad y la mentira es una misma cosa", Congreso de Logoterapia El Hombre como Punto de Encuentro, Buenos Aires, Argentina.(2019)

Capacitaciones

"Metodología **Heme Aquí**, Discapacidad y Deporte". AMIA, Argentina. (2006)

"Discapacidad e inclusión". Golf Club Acantilados, Mar del Plata. Argentina. (2007)

"**Heme Aquí**: Escuela de Vida". Para profesionales de golf, directores de escuelas y padres. Resistencia, Chaco. (2007)

"El deporte como herramienta para lograr la inclusión". Gobernación de San Luis, San Luis. (2007)

"Método Goldfinger en **Heme Aquí**". Golf Club Colón. Colón, Entre Ríos. (2007)

"El grupo social como pilar del desarrollo humano" Golf Club de Pinamar. Pinamar, Argentina. (2007)

"Ejercicios de Coordinación y Concentración". Necochea Golf Club, Necochea, Argentina. (2008)

"El deporte como herramienta para lograr la inclusión". Monte Hermoso. Argentina.(2008)

"Los valores, la ética y la conducta humana en el golf y en la vida". Rotary de Berazategui, Buenos Aires, Argentina. (2008)

"Método Goldfinger: Un análisis en profundidad". Golf Club Carmelo. Uruguay. (2008)

"La Música como manual de estudio". Golf Club de Bragado. Buenos Aires. Argentina.(2009)

"Activar: Actividades socializadoras dentro del deporte". Colonia, Uruguay. (2009)

"El Deporte como herramienta para lograr la inclusión". Golf Club Valle Escondido. Tandil, Argentina. (2009)

"Ejercicios rotación, concentración, coordinación". Sheraton Golf. Colonia, Uruguay. (2010)

"Pedagogía Goldfinger: La etiqueta y los valores como conducta deportiva" Buenos Aires, Argentina. (2010)

"**Heme Aquí** Deporte y Desafíos". Santiago de Chile. Chile. (2010)

"Modelo pedagógico Método Goldfinger". Campo de Golf La Vacherie Country Club. Mendoza. Argentina.(2010)

"**Heme Aquí** una visión integradora a través del deporte" Punta del Este, Uruguay. (2012)

"La música como manual de estudio". Golf Club Mar del Plata. Buenos Aires, Argentina. (2013) Capacitaciones para Líderes

Deportivo Juniors, Buenos Aires, Argentina. (2011-2017)
Escuelas creadas Heme Aquí/ con implementación del Método Goldfinger
<u>En</u> <u>Argentina:</u>
Palermo, CABA. (1999) Tandil, Buenos Aires. (2005)
Villa Adelina, Buenos Aires. (2006) Resistencia, Chaco. (2006)
Mar del Plata, Buenos Aires. (2007) Pinamar, Buenos Aires. (2007) San Luis, San Luis. (2007) Necochea, Buenos Aires. (2008)
Monte Hermoso, Buenos Aires. (2008) Bragado, Buenos Aires. (2008) Berazategui, Buenos Aires. (2008)
<u>En</u> <u>el</u> <u>exterior</u>
Curitiba, Brasil. (2008) Carmelo, Uruguay. (2008) Colonia, Uruguay. (2009) Punta del Este, Uruguay. (2009) Santiago de Chile, Chile. (2010) Miami, EEUU. (2015)
Premios
Por su invalorable dedicación a la Integración de todos los deportistas, otorgado por O H Macabi. (2003)
"Sentido" por la trascendencia en los valores humanos, otorgado por el Centro de Psicología Existencial y Logoterapia. (2004)
Por su Digna y Noble tarea, otorgado por O.H. Macabi. (2004)
Premio Monte Hermoso. (2008)
Mención Premio Libertador, por el trabajo por la Educación e Integración. Otorgado por el Rotary Club de Recoleta. (2011)
Participación en el premio "Génesis", por el trabajo de la institución **Heme Aquí** como innovadora social. (2014)
"Remax" por el Trabajo ininterrumpido de Inclusión de las personas con necesidades especiales a la sociedad a través del golf. (2015)
Encuentro Internacional de Golf para personas con discapacidad intelectual. Intendencia de Maldonado, Uruguay. (2015)
Mención Ranelagh Golf Club por el trabajo de inclusión a la sociedad de las personas con necesidades especiales. (2016)
Diploma de Honor. "Angeles que Llaman", por el apoyo
a la Inclusión, la cultura y la defensa de los valores. (2017)
Diploma " Reconocimiento", I Jornada de Educación, Galería

de las Buenas Prácticas en Política, Gestión y Experiencias Educativas Innovadoras. (2017)
Premio "Mujeres Increíbles por su compromiso social y educativo", Beit Jana.(2018)

e-mail: noragoldfinger@gmail.com

www.hemeaqui.org